陈亮　著

控制权视角下的
家族企业
管理与传承

ZHEJIANG UNIVERSITY PRESS
浙江大学出版社
·杭州·

图书在版编目（CIP）数据

控制权视角下的家族企业管理与传承 / 陈亮著.

杭州 ： 浙江大学出版社，2024. 8. -- ISBN 978-7-308

-25275-1

Ⅰ．F279.245

中国国家版本馆CIP数据核字第2024PG2029号

控制权视角下的家族企业管理与传承

陈亮　著

责任编辑	顾　翔
责任校对	陈　欣
封面设计	周　灵
出版发行	浙江大学出版社
	（杭州市天目山路148号　　邮政编码　310007）
	（网址：http://www.zjupress.com）
排　版	杭州林智广告有限公司
印　刷	广东虎彩云印刷有限公司绍兴分公司
开　本	710mm×1000mm　1/16
印　张	14.25
字　数	197千
版 印 次	2024年8月第1版　2024年8月第1次印刷
书　号	ISBN 978-7-308-25275-1
定　价	78.00元

前　言

　　家族企业制度是全球范围内最早建立、最普遍的企业制度，家族企业是当今企业群体中数量最庞大、内部关系最富特色、规模差异最大的一种企业形态，也是世界各国企业组织所采取的主导模式。在中国民营企业中，90%以上采用家族企业制度，家族企业制度是中国民营企业的主体制度。家族企业作为商业社会的重要组成部分，其独特的组织形态和治理结构一直备受关注。随着全球化和市场化进程的加速推进，家族企业面临着前所未有的挑战与机遇。简单地推翻和否定家族企业制度，实际上等于否定民营经济。制度变迁作为家族企业发展的重要环节，不仅关乎企业自身的兴衰存亡，更对整个社会经济的稳定与发展产生了深远影响。

　　家族企业的制度变迁是一个复杂而多元的过程，它涉及家族内部权力结构的调整、企业治理模式的变革、文化传承与创新等多个方面。在这个过程中，家族企业的制度变迁往往受到家族文化、家族成员意愿、市场环境、政策法规等多种因素的影响。这些因素相互作用、相互制约，共同构成了家族企业制度变迁的复杂背景。研究家族企业制度变迁，不仅有助于深入理解家族企业的组织特性和发展规律，更能为家族企业的健康发展提供理论支持和实践指导。深入分析家族企业制度变迁的动因、过程和影响，可以揭示家族企业在不同发展阶段所面临的制度困境和改革需求，探索适合家族企业发展的治理模式和管理策略。

国内外已有很多学者对家族企业的制度变迁进行了理论研究，但由于研究角度不同，这些学者对家族企业制度变迁的理解存在很大的分歧，甚至对家族企业的定义和内涵也未能形成共识。我们应从控制权视角揭示家族企业制度的本质，进而界定家族企业的内涵。控制权是家族企业制度的核心，它决定了企业的决策方向、资源配置和经营管理。家族企业往往由家族成员掌握着控制权，这种控制权既体现了家族对企业的控制和影响，也决定了家族企业在制度变迁中的特殊性和复杂性。

家族企业制度作为一项制度安排，其本质是创业家族对企业拥有持续的实际控制权。这一持续的实际控制权是一组排他性使用和处置企业稀缺资源的权利束，可进一步分为资本控制权、人事控制权、市场控制权、核心技术控制权、文化控制权。由于每一种控制权的实现机制和表现形式存在差异，多元的控制权又有多样化的组合，因此家族企业制度是一个动态、复杂、多变的集合概念。与此相适应，家族企业的制度变迁呈现出一系列既不同于诱致性制度变迁，也不同于强制性制度变迁的外部特征，更多体现为中间分布模式，即模糊性制度变迁。

理顺控制权的作用机制是揭示家族企业制度变迁的关键。一方面，控制权的合理配置和调整能够激发家族企业的活力和创新力，推动企业进行制度创新和管理变革，以适应市场变化和企业发展的需求。另一方面，控制权的过度集中或不合理配置也可能导致家族企业出现决策失误、管理僵化以及内部矛盾等问题，阻碍企业的健康发展。因此，不仅需要关注控制权在家族企业制度变迁中的动态变化，探讨控制权转移的条件、路径和方式，以及控制权配置对企业治理结构、经营绩效和长期发展的影响，而且需要关注控制权与家族文化、家族成员意愿、市场环境等因素的相互作用，揭示控制权在家族企业制度变迁中的复杂性和多样性。

通过分析委托—代理理论[①]、社会情感财富理论、新制度经济学和差序格局理论，本书将企业控制权的作用机制理论主要划分为控制权对核心要素的价值共享、控制权的内部辐射作用、控制权的孵化作用。这三者能在不同程度上提升企业的"潜在利润"。为了验证理论分析范式，根据可操作性、科学性、全面性的原则，本书对资本控制权、人事控制权、市场控制权、核心技术控制权、文化控制权这五种控制权做了进一步分解，确定了三级指标体系，并以浙江省中小企业中的家族企业为研究样本，采用因子分析和多元线性回归方程分析，验证控制权在制度变迁过程中的作用机制。正确的控制权转移时间、适当的控制权转让比例是家族企业制度变迁绩效的重要决定因素。本书结合企业内部条件系统和外部环境系统，构建了控制权转移时间和转让比例的分析模型，建立了家族企业制度变迁的最优实现机制。

家族企业的制度变迁是一个动态、连续演变的过程，企业需要根据实际情况灵活处理并不断创新控制权的作用机制，以合理配置和调整控制权，激发企业的活力和创新力；政府应创造积极的政策环境、良好的市场环境，推动构建有利于家族企业制度变迁的外部环境和政策体系。

本书将综合运用文献研究法、访谈调查法、实证研究法等多种方法，对家族企业制度变迁中控制权的作用进行深入探讨。本书揭示了控制权在家族企业制度变迁中的内在规律和外在影响，为家族企业的健康发展提供了有益的启示和借鉴。同时，也希望本书能够引起更多学者和实践者对家

---

① 在本书中，委托—代理理论与代理理论描述的内容基本相同，仅在范围上有所区分，代理理论所涉范围更大。本书在绝大多数情况下使用委托—代理理论，但在具体情况下也会使用代理理论。委托—代理冲突与代理冲突的情况类似。

族企业制度变迁中控制权作用的关注和研究，共同推动家族企业的繁荣与发展。

此外，本书所涉及的研究工作得到了浙江省教育厅科研项目（项目编号：Y202145887）、浙江省中华职业教育科研项目（项目编号：ZJCV2023D02）、浙江省高等学校国内访问工程师项目（项目编号：FG2023102）、杭州市哲学社会科学规划常规性课题（项目编号：Z24JC008）资助，在此表示诚挚感谢。

目　录

CHAPTER 1

第一章 绪 论

一、研究背景

家族企业自工业革命时代起，在几个世纪的发展历程中，始终活跃在全球经济的舞台上。在当今世界，家族企业是最普遍、最主要的企业组织形式，有 40% 的世界 500 强企业由家族所有或经营。Lank 等（1994）指出，家族企业占德国企业总数的 80%。Astrachan 和 Shanker（2003）的研究认为：即使按照家族企业狭义定义估算，每年美国也有 29% 的 GDP、27% 的劳动力岗位，以及 11% 的税收由家族企业提供；如果按照家族企业的广义定义估算，这些数据将分别达到 64%、62% 和 89%。大部分企业——包括美国的和所有其他发达国家的——都是由家族控制和管理的，因此家族企业的长期存在有其合理性和必然性（储小平，2000）。

《福布斯》每年会发布全球家族企业 500 强的排行榜，普华永道也会对全球 50 多个国家和地区的家族企业进行研究并出版《全球家族企业调研报告》。在美国，在编制并发布标准普尔指数的企业中，家族企业的绩效高于非家族企业；欧洲家族企业的股价表现也明显优于非家族企业。在国内，《中国家族企业发展报告》《中国家族企业传承报告》《中国家族企业健康指数报告》等也相继出版。家族企业在世界经济发展中发挥了重要的作用，家族企业的发展也越来越多地受到政界和学界的关注。

2022 年两会期间，关于"推动新时期民营经济新飞跃"的提议进一步说明中国经济发展离不开民营企业的创新和活力，更加离不开家族企业的壮大和发展。自改革开放以来，在党的领导下，中国经济迅速发展，民营企业的贡献也越来越大。改革开放初期，民营企业增加值占中国增加值总额的比例仅为 0.9%；随着经济不断迅猛发展，2006 年民营企业增加值占比已达 45%；之后民营经济依旧保持增长态势，2011 年民营企业增加值占比已超 50%；直至今日，中国民营企业增加值贡献占比长期维持在半数以上。

在中国市场经济的发展浪潮中，除了国有企业，中国民营企业也逐步成为促进中国经济发展的一支重要力量，成为推动国民经济发展、劳动力就业和社会高质量发展的重要组成部分。截至 2023 年，中国民营经济的市场主体超过 1.6 亿户，占市场主体总量的 90% 以上。在中国上市公司中，上市民企占比超过 60%。从企业的所有权结构、经营决策权和企业主家族成员对企业运营的参与程度来看，中国有 90% 以上的民营企业是家族企业。在这些企业中，绝大部分实行家族式管理。家族企业与非家族企业最大的区别在于，企业的控制权掌握在个体或者家族成员手中，并且家族企业成员往往还会参与企业的实际运营，同时希望在代际传承中继续拥有企业的控制权。家族企业依靠血缘、亲缘、地缘等关系产生巨大的凝聚力，以灵活有效的经营管理机制，抓住市场机遇，使企业在较短的时间内迅速成长壮大。目前中国很多家族企业不仅逐步摆脱了初创期的困境，而且不少企业已具备了一定的规模，如四川希望集团、浙江东阳横店集团等。

在一系列经济贡献背后的力量中，最为显著的便是家族企业，然而伴随着家族企业的经营扩张，其自身存在的弊端也逐渐暴露。在国内，人们对家族企业的态度还存在较大的争论。在全球局势紧张的背景下，全球经济进入缓慢增长期，中国经济也面临 GDP 增速放缓和出口降低的情况。对于以制造业等传统行业为主的中国家族企业而言，在 VUCA（volatility，易变性；uncertainty，不确定性；complexity，复杂性；ambiguity，模糊性）时代下，以自主创新来推动企业转型升级将是企业面临的一个非常重要的任务。

二、研究问题

从企业生命周期理论来看，企业在经历过艰难的创业期之后，逐步进入成长、成熟的阶段。家族企业在成长起来之后，要继续发展壮大，则会遇到很多新的障碍。从中国家族企业的发展历程来看，中国的家族企业已遇到几个明显的"瓶颈"，这也是本书希望研究解决的问题。

（一）家族企业的外部性

在民营家族企业中，家族与企业两种本质上截然不同的组织形式相互交织。家族企业深受其家族的影响，其中家族成员间的互动以及企业主的价值观念，对企业的发展有着显著的作用。家族是受情感驱动的组织，以血脉关系为纽带，成员间的评价往往带有主观色彩，而家族关系的不可选择性和终身性是其固有特质。相对而言，企业则是以理性为基础，其运营和管理依赖于可量化的客观指标，员工之间的关系是基于职务的暂时性联系，而资源分配从长远来看是为了实现价值最大化。在家族企业中，如何治理家族内部，保持内部平衡和资源的有效配置，以及如何传承企业主的价值观念，是决定家族企业能否持续繁荣的关键因素。

当家族和企业这两种组织形式在民营家族企业中相遇时，由于存在多个利益相关者，他们之间的角色、责任、权力和利益各不相同，因此常会产生许多矛盾、冲突和问题。如果这些矛盾、冲突和问题不能得到有效解决，随着问题的积累，可能会引发夫妻、父子、兄弟、管理者之间的各种形式的家族内耗。许多本来在经营上极为成功的民营企业，由于缺乏有效的治理机制，最终发展受阻，对社会财富积累、就业机会和税收造成了重大影响。

（二）控制权转移问题

自从中国开始实行市场经济改革，全国各地涌现出了众多家族企业。直至今日，中国的民营企业大部分仍采取家族经营模式。然而，学术界关于中国家族企业的重要性、发展路径和竞争力等诸多问题，争议颇多。其中一个关键争议点是，家族企业制度是否需要转型，以及如何转型。

实际上，根据对比分析，我们可以看出中国的家族企业模式是历史演进的必然结果，且有其持续存在的合理性。不可否认，由于一些规则尚未成熟，这导致了显性协调的不足，并引发了一系列的问题。这些问题是企业发展过程中必然需要面对的，表明中国的家族式的民营企业仍在不断调整中。而调整的核心在于，这些企业需要不断吸纳其他现代组织的成功经验。中国家族企业要想持续发展，就必须与时俱进，不断完善自身的管理体系和组织结构，从而打破创业、成长、衰退的恶性循环，避免走向衰败的命运。

家族企业在制度变迁过程中，无论是引进物质资本还是人力资本，都会导致由创业家族持有的控制权发生一定程度的转移。为了实现企业的可持续发展，创业家族也并非完全抵触控制权的转移，但目前中国信用制度缺乏、资本市场和职业经理人市场都很不完善，企业将为此承担很大的风险。因此，家族企业要保持长效、持续发展，就必须在权衡风险、成本收益比的基础上，逐步向"外部人"转移控制权。如何与家族企业的进一步成长相适应，正确处理和解决企业控制权转移的问题成为关键所在。

关于家族企业控制权的研究，往往与委托—代理问题相结合，我们需要探讨家族企业控制权从创业家族向职业经理人转移的过程。然而，很多学者都忽略了家族企业控制权首先在家族成员内部分配的过程，内部的家族成员在一定程度上共享着企业的控制权。家族企业的控制权与企业内的家族成员和非家族成员都有关系，他们既包括股权的拥有者，又包括从事管理工作的经营者。家族企业实际控制权的掌控者决定了企业的发展战略和资源分配，因此，家族企业的发展最终还是会归结于个人或者家族成员对企业发展战略的选择。家族企业、控制权和各种亲缘关系形成了一套紧密联系的作用机制，家族内部的各种社会网络关系分散了家族对企业的控制权。对于在各种亲缘关系影响下的家族企业来说，控制权对家族企业的制度变迁将产生何种影响？控制权如何影响家族企业的转型和发展，进而对企业价值产生正向还是负向的作用？家族企业的发展将引发一系列的连锁反应。

（三）家族企业制度变迁的机制和路径不明

越来越多的企业意识到，如若不对家族企业制度进行变革创新，企业就只能被市场淘汰。所以，很多企业开始寻找探索自己变革的机制和路径，但绝大多数企业对此还不清楚。即使是一小部分已经找到了自己演变的道路并取得初步成功的企业，也还处于探索试验阶段，探索存在着很多不确定性；而更多企业则是在经过一番变革后，进一步衰退。调查数据表明，虽然有限责任公司已经成为民营企业的主要法律组织形式，但是这在相当程度上只是民营企业规避风险和改变企业自身形象的摆设，其本身并没有真正改变企业内部治理机制中的家族特征（中国改革与发展报告专家组，2002）。

家族企业"富不过三代"是一个世界性的难题，主要是指第一代积极创业，第二代则往往存在守业的思想倾向，缺乏上一代的开拓精神，而有些第三代则败光了之前的产业。针对类似的问题，在现有的研究中，学者们普遍认为，跨代创业在一定程度上能打破这样的魔咒。具体而言，在特定的制度环境下，企业可以结合当下的发展趋势和技术支持，通过对家族和企业的各类资源进行重组和更新，打破路径依赖和原有的发展框架，积极发现、创造和发展新的机会，来促进企业的"二次创业"。

理性地分析中国家族企业制度变迁，将家族企业管理和现代管理方法相结合，引导家族企业不断突破自身发展局限，使之成为"现代家族企业"，是一个十分紧迫的课题，需要全方位的、更深层次的研究。目前很多西方发达国家已经形成了比较成熟的家族企业制度变迁理论和方法，但"拿来主义"不可取，在借鉴的基础上，中国家族企业制度变迁研究需要以中国的历史和现实为出发点，寻找家族企业与中国传统和现实的经济政治体制以及其他社会体制的衔接点和耦合规律，进而探讨富有效率的具有中国特色的企业管理模式，摸索出符合中国特色的家族企业制度变迁方向和路径。

张维迎在《所有制、治理结构及委托—代理关系》一文中指出，影响公司治理效果的关键在于控制权的分配，家族企业的治理、发展和制度创新等问题的实质也可以通过分析控制权找到答案（张维迎，1996）。控制权分配既影响企业的产权结构，也影响企业的运作效率，我们可以从中得出，"用控制权做核心维度来观察民营企业内部治理结构的演变将会非常有意义"的结论（王宣喻，储小平，2002）。

因此，本书以家族企业控制权研究作为切入点，主要梳理相关理论观点，对家族企业制度变迁进行实质性分析，通过研究企业内部要素控制权动态演变、多元组合及其效率，探讨中国家族企业制度变迁的原因、条件、模式和过程，实现家族企业与各种社会资本的整合、家族企业与现代企业制度的有机结合。另外，本书还基于对中国家族企业制度变迁的方向和模式的分析，帮助家族企业科学合理地转移和持有适当比例的控制权，促进中国家族企业的进一步发展。

三、研究方法

本书从家族企业的制度变迁出发，结合与家族企业控制权相关的委托—代理理论，分析家族企业内部的家族控制权和企业价值之间的一系列影响机制。本书通过对国内外的相关文献进行阅读、归纳和整理，建立了符合现实情况的理论研究模型，收集了上市家族企业的数据并加以处理和分析，利用文献研究法、访谈调查法、实证研究法和案例研究法，对理论和实践进行有机的联系和结合，探索了影响家族企业制度变迁的复杂因素。本书在充分借鉴国内外相关研究成果的基础上开展研究工作，所采取的研究方法如下所述。

（一）文献研究法

文献研究法是根据课题研究需要，通过查阅相关文献来获取资料，以便更加全面、系统地了解研究问题的研究现状，并从中发现问题的一种研究方法。该方法在课题研究中是常用的方法之一。

为了清晰、准确地把握国内外学者关于本书所涉及领域的研究成果，笔者通过查阅中文期刊数据库，包括中国知网、维普期刊和百度学术等数据库，以及英文期刊数据库，包括 WOS（Web of Science）、Emerald、EBSCO ASP 等，对其中包括《管理世界》《经济研究》《中国社会科学》以及 AMJ（Academy of Management Journal）、AMR（Academy of Management Review）、SMJ（Strategic Management Journal）、JBV（Journal of Business Venturing）、FBR（Family Business Review）在内的、发表家族企业相关研究的顶级期刊中的数十篇经典论文进行精读和总结归纳。本书运用文献研究法，对相关概念、理论和研究动态进行梳理、归纳分析，为后续理论模型的建立、实证模型的提出和理论联系实际提供了理论支撑。同时，通过查阅《中国民营企业发展报告》《民营企业年鉴》《浙江统计年鉴》及地级市的统计年鉴，笔者获取了大量的相关统计数据，为变量的设计和解释提供了基础数据。在家族企业的个案研究中，我们通过对家族企业的成长历史、转型升级、代际传承等资料的收集，打破了时间和空间的限制，促进了对家族企业案例研究的经验总结。

（二）访谈调查法

笔者结合理论知识，拟定访谈题目，深入企业进行调研，与企业关键人物和相关对象进行访谈交流，了解家族企业制度变迁过程中的主要因素并进行横向和纵向对比。笔者运用访谈技巧与受访对象进行交流，运用已有的调研经验进行深入沟通，以获取受访者对问题的态度、真实想法和情感，挖掘更广泛的材料，努力提高访谈的真实性和有效性。

（三）实证研究法

本书在文献研究、机理分析的基础上，对收集的各种数据资料进行筛选、整理和基础统计；借助复杂系统理论、制度变迁理论、计量经济学理论等进行研究；借助 Excel 和 SPSS 工具，提出合理假设，设计研究指标体系；通过主成分分析，采用数据样本，对控制权在家族企业制度变迁中的作用进行实证检验。本书将综合概括与具体分析相结合，理论与实证相结合，模型显示与逻辑实证相结合，科学认识家族企业制度变迁的路径以及规律。

（四）案例研究法

管理学中的案例研究主要分为探索性案例研究和验证性案例研究两类，探索性案例研究又可分为完全探索性案例研究和局部探索性案例研究，而验证性案例研究也可进一步分为描述性案例研究和解释性案例研究（苏敬勤，崔淼，2011）。探索性案例研究是在最终确定研究问题和提出假设之前，进行现场调研和资料收集；描述性案例研究是根据一系列问题和答案组织而成，而解释性案例研究是对事物进行归因分析。

当前，在对家族企业的研究中，大多数以规范研究方法分析企业如何从传统的家族管理方式向现代的管理方式转变，也有一些以实证研究的方式分析去家族化对该企业管理的影响。本书涉及多种研究方法的研究场景，以具体企业为例，对家族企业去家族化的动因、模式及效果进行探究，丰富了家族企业制度变迁过程中控制权转移的案例，分析了家族企业控制权配置的作用机理，为本书的研究提供了更有力的支撑。

四、研究意义

（一）理论意义

1. 进一步厘清家族企业的所有权

研究家族企业的所有权结构至关重要，因为这一构架相当于企业的根本，它发生任何变化都能引起广泛关注，并可能对企业未来的发展轨迹和成员行为产生深远影响。将企业视为一系列契约关系的集合体时，所有权结构便是这些契约中最为基本和关键的一环，它在法律这一共同契约之外，构成了其他所有企业契约的基础。此外，关于所有权的数据相对充足，这为提升家族企业研究的质量提供了宝贵的资源。

所有权结构是企业架构的中心，凝聚了经济体系的关键因素，其重要性可与基因在生物体中的作用相提并论。由于所有权结构的信息具有量化属性，这使得其不仅容易被理解和把握，也便于得到定量分析。该分析涉及所有权集中程度、管理层持股比例和所有者身份构成等关键方面，它们分别揭示了资本市场的成熟度、管理层市场的发展水平以及国家对产权进行保护的能力。一般而言，所有权越集中，资本市场的成熟度越低；管理层持股比例越高，管理市场的成熟度越低；而所有者身份越是特权化，则国家对产权进行保护的能力越差。所有权结构可以揭示企业所有者和经营者之间的互动，并展现企业与政府、企业与市场之间的复杂关系。

2. 梳理家族企业制度变迁的机制

本书站在中国家族企业发展的视角，深入剖析了诱发企业制度变迁的需求动因和供给约束，以及制度属性和控制权在其中所扮演的角色。通过采纳新制度经济学中的制度均衡分析和成本收益分析两大工具，同时结合家族企业与制度演变的理论框架，本书成功揭示了影响制度变迁的核心因素及在这些因素共同作用下制度变迁发生的条件。这一研究不仅为那些受不同因素影响的企业提供了选择制度变迁路径方面的指引，而且有助于处于不同成长阶段的家族企业明确其制度转型的方向和策略。此外，本书将新制度经济学理论应用于家族企业制度的演进分析，不仅丰富了该理论领域的研究内容，更为实践应用提供了有力的支撑和启示。

3. 丰富要素型和关系型相结合的控制权配置机制

传统的控制权理论往往站在资本（包括物质资本和人力资本）使用效率最大化的角度，忽略了控制权之间的关系。在现实生活中，企业内部的控制权包含了对各种稀缺要素的掌控，既受到传统的资本、人事、市场等要素的影响，也受到技术、文化等要素的影响。家族成员间并不完全依靠市场形成契约，还会借助企业内部的家族文化、企业主权威等传统的家族伦理关系，这与完全由市场来支配的控制权配置不同，中国的家族企业控制权的配置遵从典型的要素型和关系型相结合的控制权配置机制。本书围绕家族企业的制度变迁，结合中国传统文化的差序格局，探讨家族企业控制权配置机制和特征、家族成员间存在的委托—代理问题，从而在理论上丰富和发展中国家族企业制度变迁过程中的控制权问题研究。

（二）实践意义

国内众多家族企业以从事制造业为主，但在当前新旧动能转换的大潮中，它们的经营状况堪忧。传统行业正面临着转型升级的严峻挑战，这无疑是新时代下民营企业和中国经济迈向高质量发展所必须正视的重大现实问题。本书通过深入探讨控制权对家族企业制度变迁的影响及其作用机制，为中国的家族企业提供明确的制度变迁的路径选择标准，同时也为处于不同发展阶段的家族企业提供制度变迁的参考思路，助力中国家族企业实现稳健发展，在日新月异的发展浪潮中获得更大的生存空间。

在当今数字化、网络化、智能化发展的背景下，家族企业的发展需要依托更多的资源要素。本书深入了解家族企业制度变迁的过程，通过理论分析要素控制权的分类和作用机制，并调研相关的家族企业，获取一手数据，构建相关的体系，分析控制权在家族企业制度变迁中的相互作用。这些分析和数据对理论和实践具有较强的现实意义。同时，本书对不同要素型和关系型控制权的配置特征、机制原理进行探讨，为家族企业合理配置家族股权、做出人事安排提供借鉴，为家族企业公司治理制度的完善、应对转型升级的困局提供一定的思路。

五、研究框架及内容

本书聚焦中国家族企业在控制权作用下的制度变迁行为，研究遵循了"文献整理—问题梳理—研究框架构建"的逻辑思路，以在控制权的视角下形成对家族企业制度变迁问题的系统认识。基于本书的研究问题和研究目的，笔者提出本书的综合研究框架，以保障研究的规范性和系统性，框架如图 1.1 所示。

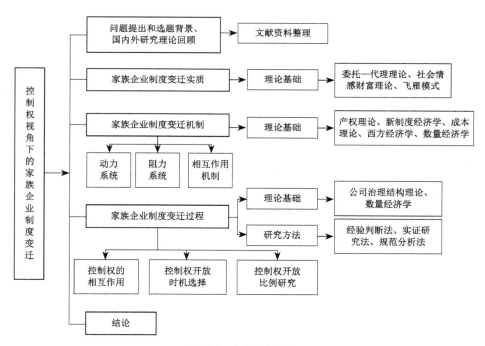

图 1.1 本书研究框架

第一章是绪论，涉及本书的研究背景，在此基础上提出研究问题，然后阐述了本书的研究方法、研究意义和研究思路，最后提出了本书的创新点。

第二章是文献综述，这一章系统整理、评述了国内外既有家族企业研究的成果和现状，为后续研究设计奠定了扎实的基础。具体来看，首先，本书通过 CiteSpace 对国内外家族企业研究的文献进行可视化分析，研究主要聚焦作者、机构、国家间的合作图谱以及关键词聚类分析，分析了家族企业研究的热点和趋势；其次，从不同角度归纳家族企业的概念，引出控制权视角下的家族企业，梳理家族企业制度变迁的路径并进行评述。

第三章是理论基础，通过委托—代理理论和社会情感财富理论，探究家族企业制度变迁的影响以及其在家族企业发展中的应用。在新制度经济学的影响下，通过理解家族企业制度变迁的实质，明确提出中国家族企业制度变迁符合模糊性制度变迁的特征，并采用委托—代理理论、飞雁模式进行解释。

第四章是家族企业制度变迁中控制权的配置，从家族系统中的差序格局出发，分析家族资源的配置，通过学习关系股权和关系型控制权的配置机理，寻求影响家族企业制度变迁的需求诱因和供给约束，按照企业内部稀缺要素对控制权进行分类，探索控制权作用的转换机制。

第五章是论述控制权在家族企业制度变迁中的作用机制，构建家族企业制度变迁过程中所受作用力的一般模型，指出动力系统和阻力系统对企业的共同作用。对控制权的作用机制分别从核心要素的价值共享、辐射能力和孵化能力三个方面进行探讨，并讨论这对企业成长和经营绩效将产生何种影响。得出控制权的转移时间和比例也将进一步影响企业的制度变迁这一结论，并以资本和人事控制权的转移为例进行分析。

第六章的主要内容是家族企业制度变迁中控制权的作用实证和案例分析。笔者以浙江省中小规模的家族企业为研究样本，构建控制权分类的三级指标，进行因子分析，以验证控制权在家族企业制度变迁中的作用机制，并通过具体的企业案例加以分析。

第七章的要点是家族企业制度变迁的路径和选择。笔者通过分析家族企业制度变迁的方向，指出家族企业通过稀释股权、改变管理模式，逐步向开放包容的公司转变。在不同主体和生命周期下，家族企业的制度变迁也呈现出不同的特征和选择。

在第八章，笔者对本书所研究的课题进行总结。

六、创新点

本书试图借助文献梳理、理论分析和数理建模、实证研究和案例研究的方法对家族企业制度变迁过程中控制权的作用及机制进行全面的研究。本书的创新点体现在以下几个方面。

第一，从新制度经济学的角度出发，研究家族企业制度变迁的形式，在强制性变迁和诱致性变迁的基础上提出更符合中国家族企业变迁的新模式——模糊性制度变迁，并从主体、动因、途径等7个方面进行比较。

本书运用制度变迁的成本收益比较分析，得出家族企业制度变迁的条件，并提出了一个较为新颖的研究方向：把企业制度变迁的条件放到企业生命周期的不同阶段去分析。这有助于我们从一个更为宏观的角度去看待制度变迁的条件，也为后面家族企业对制度变迁路径的选择提供了新的思路。

第二，综合相关学者对控制权的分类，对要素控制权做了进一步分析和阐述，建立了相关数学模型，从量化的角度阐明了控制权在家族企业制度变迁过程中的主导性作用。分析了家族企业制度变迁的实质、动力、阻力，构建了作用力系统模型，并在此基础上从物理学的角度，通过模型对动力、阻力复合作用机制进行分析。

第三，通过对控制权作用机制的研究，创新提出控制权在家族企业制度变迁过程中的网络五星模型，并在此基础上分析了控制权的三大作用关系：对核心要素的价值共享、内部辐射、孵化作用。同时，借助模型进行量化，把实现家族企业"潜在利润"的途径展现得更为直观。

第四，根据对影响制度变迁的因素所进行的分析，对由不同诱因引起的制度变迁路径进行选择。

同时从企业生命周期的不同阶段分析制度变迁的条件，按照阶段的不同，对中国家族企业制度变迁的路径做出了最适合选择。本书不仅横向讨论了受不同因素主导的企业制度变迁路径选择，还纵向讨论了企业发展过程的不同阶段对制度变迁路径的选择。

CHAPTER 2

第二章　文献综述

本章将结合 CiteSpace 对国内外家族企业的研究热点和趋势、家族企业制度变迁和演进路径等几方面的文献进行系统梳理。首先，选用 WOS 和 CNKI（中国知网）数据库，利用 CiteSpace 对国内外家族企业 2000—2022 年的文献进行系统回顾，对国内外研究的总体情况、作者、机构和国家之间的合作图谱进行可视化分析，通过关键词聚类对家族企业的主要研究领域、指导理论和学者们关注的焦点问题进行整理。其次，针对家族企业的界定这一最聚焦、最经典的问题进行细致且系统的回顾，分别从所有权、家族涉入、家族社会性和文化角度对家族企业进行界定。最后，梳理家族企业制度变迁的路径和方向，进而提出本书研究的理论基础、影响机制以及将本书结论运用到实践时可能存在的尝试路径。

一、基于文献计量的关于家族企业的研究分析

（一）研究方法和数据来源

1. 研究方法

相对于定性研究，基于知识图谱的定量化综述研究能够更加全面直观

地揭示研究问题的发展规律。本书以文献计量学方法为基础，采用陈超美教授团队研发的 CiteSpace 软件作为分析工具，将中英文数据库中检索的结果导入 CiteSpace 软件中进行可视化分析，从而得出科学知识图谱。本书采用 CiteSpace 6.2 R6 可视化分析软件和文献计量学方法来挖掘和揭示国内外家族企业研究的基本情况和不同时期的研究热点，将全记录信息导入软件进行相关参数设置和计量分析，并针对可视化图谱中的高频和高中心性节点等进行详细解读。这一方法有助于读者在宏观上把握国内外近 20 年来与家族企业相关的研究的进展，在微观上分析研究热点，把握知识点之间的关联，为未来的研究提供参考。

2. 数据来源

为了通过准确的检索结果来探明国内外对家族企业研究的趋势与研究热点，本书在数据选取上，分别选择国内外中英文文献的典型数据库作为数据来源，并去除无效数据。将检索时间段确定为 2000—2022 年。在中文文献上，选择以中国知网为检索源，以 CSSCI 和北大核心期刊作为来源，以"家族企业"为关键词进行检索，共得到 3065 条检索结果，导出的文件格式为 Refworks 格式。在英文文献上，则以 WOS（SSCI、SCIE）核心合集为检索源，根据李新春等（2020）的研究成果，以"family business""family enterprise""family firms"为关键词进行检索。笔者经过初步检索，共得到 4067 篇文献，其中包含了部分相关性较弱的文献。笔者将 WOS 类别设定为"business""management""economics""business finance"，将文献类型设定为"article"或"review"，又对研究的题目、摘要进行通读，保留题目、摘要或关键词反映了"家族企业"这一研究主题的文章，最终确定英文文献研究样本量为 3208 篇。导出的文件为纯文本文件。具体数据来源获取如表 2.1 所示。

表 2.1 家族企业文献导出策略

类型	中文	英文	时间（年份）
主题词	"家族企业"	"family business" "family enterprise" "family firms"	
来源	北大核心期刊、CSSCI	"business" "management" "economics" "business finance"	2000—2022 年
类型	期刊	"article" "review"	
文献数量 / 篇	3065	3208	

（二）研究概况与热点分析

为探究家族企业领域研究的合作关系，笔者在 CiteSpace 软件中设置的时间跨度为 2000—2022 年，将 timeslice 设置为 2 年，在节点类型上分别选择 "author" "institution" "country" "keywords"，将分析对象筛选标准设置为 Top50 perslice，将 k 值设置为 10，对图谱采用最小生成树 "minimum spanning tree" 和 "pruning sliced networks" 进行修剪，运行 CiteSpace 软件可得如下结论。

1. 国内外研究总体情况

在期刊上发表文章的数量象征着该领域的研究在学术研究里的受欢迎程度与发展速度。如图 2.1 所示，在 2000—2022 年，国内外对家族企业的研究呈现不同的态势。国内家族企业相关文章发表数量呈现先增后降的情况，其可以分为三个研究阶段。（1）快速增长阶段（2000—2006 年）。受中国市场环境变化的影响，民营经济的价值和功能得到充分体现，国内相关文章的发表数量得到快速增长。（2）震荡回落期（2007—2014 年）。该阶段的文章发表数量逐渐回落，研究核心群体逐渐形成，在对家族企业基本问题讨论成熟的情况下，研究更加聚焦家族控制、代际传承、企业绩效、公司治理、社会资本、家族涉入以及社会情感财富等问题。（3）稳定成熟期

（2015—2022 年）。该阶段年均文章发表数量基本维持在 100 篇，研究焦点逐渐分散，一个可能的原因在于，国内期刊将研究家族企业的文章的发表数量大致控制在一定范围之内，如果和国际期刊比较来看，国内缺乏专门的家族企业研究期刊可能是影响家族企业相关文献数量的一个重要原因（李新春等，2020）。国外学者对家族企业的研究呈现稳步上升的趋势，尤其在 2017—2020 年，更多的学者聚焦在该领域，文章发表数量呈现明显的上升趋势，并在 2020 年达到峰值。虽然其间也有短暂回落的情况，但这符合事物发展的一般规律。

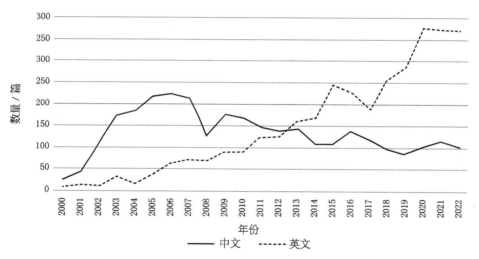

图 2.1 家族企业相关中英文年均文章发表数量变化趋势

从学科分布来看，本书在此分别罗列中英文文献所涉学科的分布情况，如图 2.2A 和 2.2B 所示。在中文文献中，企业经济、金融、投资、证券、宏观经济管理与可持续发展这五大领域的文献占比最高，由此可见，国内关于家族企业的研究大多围绕着上市公司进行，这也是因为上市公司数据公开，便于分析和建模，但其在其他学科中涉及较少。而国外文献所涉及的学科主要涵盖商业、管理、经济、商业金融等，学科分布比较均匀，相关的文献分布数量相差不大。此外，国外也比较注重跨学科的融合研究。

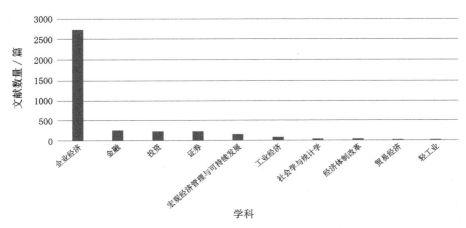

图 2.2A　中文文献中家族企业研究的学科分布

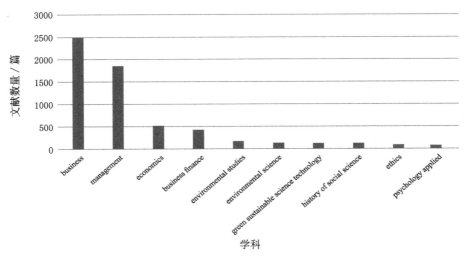

图 2.2B　英文文献中家族企业研究的学科分布

2. 作者合作图谱

许多国内外学者在家族企业研究领域做出了巨大贡献。其中，国内学者以李新春教授发表文献的数量最多，为 48 篇；国外学者以 Alfredo De Massis 教授发表文献数量最多，达到 92 篇，产量远远超出国内学者。按照已有的研究成果（Durieux，Gevenois，2010），本书采用普赖斯定律来确定某一领域的核心作者，利用公式 $M = 0.749*\sqrt{N_{\max}}$ 来计算核心作者阈值，其中 M 为该研究领域内核心作者的阈值门槛，$N_{\max}$ 为研究期限内发文量最多作者的文献数量。根据该公式，笔者得出国内外在 2000—2022 年，家族企业研究的核心作者阈值分别为 5.2 和 7.2。因此，可从国内外学者中选择发表了 6 至 8 篇文献的作者作为该领域的核心作者，那么国内外的核心作者将分别达到 47 位和 43 位，核心作者数量相当且相对稳定，构成的合作图谱如图 2.3A 和 2.3B 所示。限于篇幅，仅分别罗列了国内外发文数量排名前十的作者，如表 2.2 所示。

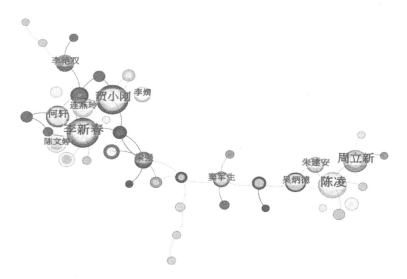

图 2.3A　家族企业研究的国内作者合作图谱

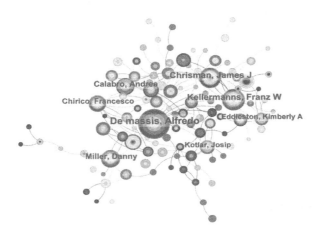

图 2.3B　家族企业研究的国外作者合作图谱

　　结合家族企业研究的作者合作图谱 2.3A、2.3B 和表 2.2，我们可以看出，在国内的研究学者中，靠前的节点分别是以李新春、陈凌、周立新、贺小刚等学者为中心构成的作者群，国内以这些作者为核心形成了相对密集的合作网络。其中以李新春和陈凌为中心的合作网络最大，二者的发文量和网络中心性都处于前列，形成了两个相对密集的合作网络。

表 2.2　家族企业研究国内外文献发文量排名前十的作者

排序	中文作者				英文作者			
	频次	中心性	首次出现年份	作者	频次	中心性	首次出现年份	作者
1	48	0.02	2006	李新春	92	0.17	2012	De Massis
2	40	0.02	2006	陈凌	64	0.12	2007	Kellermanns
3	39	0.01	2006	周立新	57	0.12	2007	Chrisman
4	32	0.01	2010	贺小刚	45	0.12	2007	Miller
5	31	0	2010	吴炯	40	0.1	2014	Calabro
6	24	0	2008	陈建林	36	0.12	2008	Chirico
7	19	0	2008	何轩	31	0.08	2013	Kotlar
8	15	0	2000	储小平	30	0.02	2007	Eddleston

续表

排序	中文作者				英文作者			
	频次	中心性	首次出现年份	作者	频次	中心性	首次出现年份	作者
9	14	0	2016	许永斌	29	0.04	2014	Kammerlander
10	14	0	2016	严若森	28	0.03	2010	Voordeckers

以李新春教授为代表的研究团队一直围绕家族企业这一主题开展研究，主要关注家族企业的传承与创新、战略与治理、家族企业文化和社会责任以及网络组织等方面，深入研究了家族企业在传承与创新过程中的挑战和机遇，强调家族企业在传承中应注重培养下一代的创新能力和市场洞察力，认为在新时代背景下，"传二代"必须做"创二代"（李新春等，2016；祝振铎等，2018）。这意味着二代家族成员需要紧密结合当前的创新趋势，在父辈打造的基业上不断开拓创新，从而打造出符合新时代特点的家族企业，以确保家族企业在快速变化的市场环境中保持竞争优势（李新春，邹立凯，2022；祝振铎等，2021）。他们还提出了"家族企业成功传承的关键是建立有效的家族治理机制"，强调了家族企业内部治理机制的重要性，指出传统型家族企业向创新型家族企业转型是符合当前新时代需求的，提倡家族企业应该采取制度化、规范化、开放化的管理方式，大力引进职业经理人，以解决家族企业的不稳定和难以持续发展的问题（李新春等，2018）。其他学者也探讨了家族企业的所有权与控制权问题，分析了家族企业在不同发展阶段的所有权结构和控制权配置，包括家族成员对企业的控制程度、决策权的分配以及与其他股东的关系，对企业绩效所产生的影响（代吉林等，2012）。家族企业应根据市场环境和企业自身条件，制定合适的成长战略，包括市场扩张、技术创新、品牌建设等方面，以实现可持续发展，家族企业的发展过程涉及视野、管治和成长的平衡和选择（邹立凯等，2023）。网络化是实现家族企业成长的一个可行模式，可以帮助企业在维持家族控制权的同时，吸纳和整合社会资源，拓展自身的成长空间（李新春，邹立凯，2021）。与此同时，家族企业在追求经济效益的同时，应注重培养企业文

化，加强员工凝聚力，同时积极履行社会责任，为社会做出积极贡献（苏琦，李新春，2004）。除了以上几个方面，李新春教授还与陈文婷、何轩、连燕玲等学者合作，对家族企业进行了跨地区、跨文化的比较研究，以更全面地阐述家族企业的发展规律和趋势。

陈凌教授的研究团队在家族企业领域的研究成果主要集中在家族企业的传承与治理、战略与竞争、制度与文化以及社会责任与可持续发展等方面，其研究为家族企业理论体系提供了重要的理论支持和实践指导。吴炳德等（2022）学者强调家族企业在传承过程中需要平衡家族控制和专业化管理，认为家族企业传承的关键是要找到正确的方法与适合的传承模式，提出了"家族主义经营"和"家族主义治理"的概念，强调了在传承过程中策略选择和模式创新的重要性，并分析了这些策略模式对企业绩效和可持续发展的影响。家族企业在适应不断变化的市场环境的过程中，需要制定和实施有效的竞争战略，朱建安等（2016）和王明琳等（2010）提出了"家族企业的双元战略"理论，即家族企业需要在保持传统优势的同时，在制度建设和文化塑造中需要注重平衡家族传统和现代化管理需求，积极寻求创新和变革，以应对外部竞争压力。陈凌和陈华丽（2014）指出，家族企业在追求经济效益的同时，应积极履行社会责任，关注环境保护、员工福利和社区发展等方面，提出了"家族企业的可持续发展战略"理论，强调了家族企业在可持续发展中的重要作用和责任。

在国外的研究学者中，Alfredo De Massis、Franz Kellermanns、James Chrisman 和 Danny Miller 等作者形成了较为核心的合作网络，且处于网络中心位置。

Alfredo De Massis 教授是研究家族企业的核心力量，他的研究主要集中在家族企业的管理、治理、行为和代际传承方面（De Massis et al., 2010;

Kotlar，De Massis，2013；Magrelli et al.，2022），尤其是家族企业领导者在战略决策中如何平衡经济因素和家族声誉、社会责任等非经济因素，以及如何在传统和创新之间找到平衡。他考察了家族企业如何将经济目标与其他目标结合起来，通过引入新的管理理念和技术手段来保持家族和谐和对企业的控制，为下一代创造就业机会，继承计划，以及培养家族在社区中的声誉（Uhlaner et al.，2021）。他的研究成果显示，成功的家族企业擅长利用其传统优势、历史和遗产作为战略资源来推动创新。

Franz Kellermanns 教授在家族企业领域的研究成果非常显著。他对国际商务、战略过程以及家族企业创业进行了深入研究，主要关注家族企业的战略决策、创新和传承过程（Kellermanns et al.，2010；Zellweger et al.，2012）。他结合代理理论，提出了心理所有权影响组织公民行为的研究模型，并解释了治理机制对员工的认知情感状态和行为结果具有积极作用（Chrisman et al.，2007）。这一研究对理解家族企业内部动力机制，特别是家族成员与非家族成员之间的互动关系提供了重要的理论框架。此外，Kellermanns 还关注家族企业在全球化背景下的竞争策略和国际化进程。他探讨了家族企业如何在全球市场中保持竞争优势，以及如何在跨文化环境中实现有效管理和协作（Engel et al.，2019）。这些研究为家族企业在全球化背景下的发展提供了重要的指导。

除了上述几个较大的合作网络，还有一些相对密集的合作网络和零散的节点散落分布在较大合作网络之外，但总体而言，李新春、陈凌、Alfredo De Massis、Franz Kellermanns 等人在家族企业研究网络中具有较高的中心性，他们在家族企业研究领域中发挥了重要作用。值得注意的是，目前国内学者以独立研究或双方合作研究为主，未能形成大规模稳定的合作网络，影响力还相对薄弱，在该领域的研究仍有待加强。

3. 研究机构合作图谱

分析高频机构有助于了解该研究领域科研机构在国际范围内的分布情况。设置阈值为20后，国内外研究机构合作图谱如图2.4A和2.4B所示。从导出的数据可知，在国内家族企业研究机构合作图谱中共有231个节点，111条连线，网络密度为0.0042，网络较为稀疏，呈现"大分散、小聚集"的态势，机构之间的合作较少，且合作的节点多属于同一所研究机构，如浙江大学管理学院和浙江大学经济学院都属于浙江大学。

中山大学、浙江大学、暨南大学、重庆工商大学、上海财经大学、汕头大学等机构的发文量位居前列，处于网络的核心位置，且它们与目前大多数重要的研究机构都有合作。虽然也有一些存在于这些相对较大的合作机构之外的合作，但不同机构、不同城市之间的合作交流总体而言比较少。原因在于不同城市的家族企业从事行业、所处阶段差异性较大，且不同家族企业对传统和现代公司制亦有不同理解和认识，较难达成一致。这表明在该领域的研究中，国内的研究机构的合作有待加强，这有利于高质量成果的发表。

从导出的数据可知，在国外研究机构合作图谱中共有201个节点，356条连线，网络密度为0.0162，这说明机构之间的合作较为紧密。进一步分析可以发现，节点较大的几个研究机构包括 Lancaster University、University of Alberta、Mississippi State University、Jonkoping University、WHU–Otto Beisheim School of Management 等，这几所机构的出现频次都超过100，且网络中心性都大于0.02，具有较大的发展潜力。其中，Lancaster University 作为图谱中最大的节点，也是该领域最多产的研究机构，其与其他研究机构的合作较为密切，在该领域研究中占据了绝对优势，形成了较密集的合作网络。

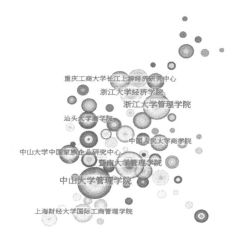

图 2.4A 国内家族企业研究机构合作图谱

图 2.4B 国外家族企业研究机构合作图谱

4. 国家合作图谱

由于中文期刊的作者都来自国内，故本书在此针对英文期刊文献进行国家间合作图谱进行分析，如图 2.5 所示。根据可视化分析的结果，主要有 91 个国家和地区的学者从事家族企业领域的研究。根据发文量，排名前五的国家分别为美国、西班牙、意大利、英国和德国，发文量都达到了 340

篇以上。这些国家都属于发达国家，家族企业在这些国家的经济体系中都扮演了十分重要的角色。其中，美国开展相关工作的时间相对较早，并且发文量占据绝对优势，共 929 篇，中心性达到了 0.31；其次为西班牙和意大利，发文量为 427 篇和 420 篇，中心性为 0.12 和 0.06。需要注意的是，法国作者共发表了 195 篇，但网络中心性高达 0.31，这说明法国的研究在该领域具有较强的影响力。中国学者虽然共发表了 287 篇，但中心性仅为 0.09，故中国需要加强同国外学者间的交流与合作，提升研究的影响力。

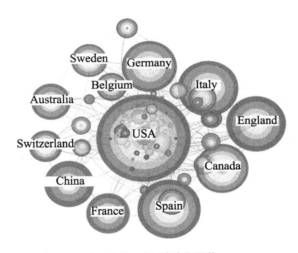

图 2.5　家族企业研究国家合作图谱

结合国家、机构和作者合作图谱可以发现，以欧美发达国家为代表的国家，诸如美国、英国等，对应的研究机构，如 Lancaster University、University of Alberta，以及相关学者如 Alfredo De Massis 等，在家族企业的研究领域中占据了重要位置，并且随着家族企业在国民经济中扮演的角色越来越突出，加拿大、中国、法国等国家的学者和研究机构也逐渐重视在该领域内的研究，发文量逐年提升，所在网络的位置也逐渐从边缘向核心移动。虽然中国研究学者和文献数量位于前列，但与发达国家相比还是远远落后的，尚未出现较有影响力的学者和研究机构，而且中国学者和机构之间的合作还有待加强。

5. 关键词共现网络分析

关键词是文章中心思想的高度凝练，可以直观表达出文章的主要内容和核心主题。不同发展阶段的关键词词频数据可以呈现某一领域研究热点的变化。关键词共现图谱能够反映某一关键词在既有研究中出现的时间、频次，节点大小表示关键词出现频次的高低，节点圈层颜色和关系线颜色由蓝色向红色过渡代表研究时间的远近（陈亮等，2021）。本书将中英文文献检索结果导入 CiteSpace，设置的时间跨度为 23 年（2000—2022 年），timeslice 为 2 年，选择节点类型为 keyword，采用最小生成树算法对图谱进行修剪，完成关键词共现分析，如图 2.6A 和 2.6B 所示。

由分析结果可知，中文文献关键词图谱中共包含 268 个节点，539 条边，网络密度为 0.0151。而英文文献关键词图谱中共包含 292 个节点，867 条边，网络密度为 0.0204。英文文献关键词之间的共现更为密切，通过相互交叉能形成更多的研究主题。

国内的研究热点主要集中在"家族企业""代际传承""民营企业""公司治理""企业绩效"等方面，而国外的研究热点主要集中在"绩效""家族企业""所有权""社会情感财富""公司治理"等方面。这些较大节点的关键词出现的频次较高，在某种程度上反映出该领域研究的热点。也就是说，目前在家族企业研究领域内，家族企业的内涵、代际传承、治理、所有权、企业绩效等相关的研究主题仍是研究者关注的重点。

表 2.3 罗列了国内外学者对家族企业研究的前十个关键词，"家族企业"

在国内学者的研究中的出现频次和中心性都最高，关键词中心性一般表明节点在结构中的重要性。"家族企业"之外的关键词网络中心性均大于 0.1，说明与此相关的研究主题为一定时期内核心的研究主题，具有一定的发展潜力，在相关领域的影响力逐渐攀升。在国外学者的研究中，"performance"（绩效）出现频次最高，是家族企业研究的落脚点；而"socioemotional wealth"（社会情感财富）的中心性最高，这是国外学者研究家族企业的热点理论，该理论认为与非家族企业相比，家族企业更关心社会情感财富，故而对履行企业社会责任更加积极（Gómez-Mejía et al.，2011），这一观点得到了一些经验研究的支持（Dyer，Whetten，2006；周立新，2011）。

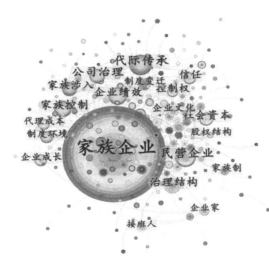

图 2.6A　中文关键词共现网络

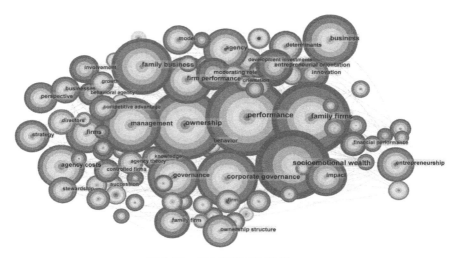

图 2.6B　英文关键词共现网络

表 2.3　国内外文献中对家族企业研究的前十个关键词

排序	英文文献关键词			中文文献关键词		
	频次	中心性	关键词	频次	中心性	关键词
1	1064	0.05	performance	1728	0.71	家族企业
2	967	0.06	family firms	146	0.18	代际传承
3	864	0.09	ownership	114	0.18	民营企业
4	852	0.13	socioemotional wealth	99	0.14	公司治理
5	595	0.07	corporate governance	70	0.12	企业绩效
6	584	0.04	family business	69	0.14	社会资本
7	573	0.05	management	69	0.05	治理结构
8	478	0.02	business	68	0.17	家族控制
9	414	0.06	governance	62	0.12	家族涉入
10	408	0.03	firm performance	58	0.13	信任

6. 关键词聚类分析

CiteSpace 可依据模块值（modularity，Q 值）和平均轮廓值（mean

silhouette，S 值）两个指标来判断研究聚类的合理性。其中 Q 值在 [0，1] 内，当 Q>0.3 时，组团结构是显著的。当 S>0.5 时，聚类是合理的；当 S>0.7 时，证明聚类是令人信服的（陈悦等，2015）。本书在 CiteSpace 中完成关键词共现分析的基础上，进一步使用聚类分析生成中英文关键词聚类图谱，如图 2.7A 和 2.7B 所示，中文关键词聚类 Q 值和 S 值分别为 0.5193 和 0.7919，英文关键词聚类 Q 值和 S 值分别为 0.4729 和 0.7578，表明聚类都较为合理。在剔除小的聚类后最终得到中文 11 个聚类，9 个英文聚类。包含的关键词越多，聚类编号排序越靠前。从聚类标签可以看出，学界从家族企业本身、家族企业治理、代际传承等角度实现绩效目标和企业成长的思路。

图 2.7A　中文关键词知识图谱

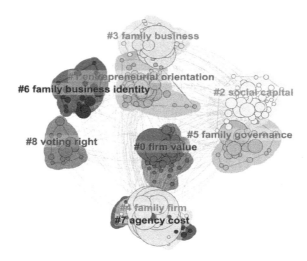

图 2.7B　英文关键词聚类图

　　对中文关键词聚类信息进行整理并结合相应的文献信息进行分析，我们可以发现各聚类关注内容的差异性。本书选择基于 LLR 算法，在施引文献的不同位置提取聚类标签。通过 LLR 算法提取的研究标签强调的是研究特点，在实际的研究过程中，我们可根据 LLR 算法提取的标签来显示聚类名称。各聚类所包含的中文关键词如表 2.4 所示。

表 2.4　基于 LLR 算法的中文文献各聚类包含的关键词

聚类	关键词
#0 家族涉入	创新投入、制度环境、创业导向、政治关联
#1 民营企业	企业制度、制度变迁、产权制度、创新
#2 家族企业	接班人、传承、企业家、治理模式
#3 公司治理	代理成本、委托—代理理论、内部控制、利他主义
#4 家族控制	企业绩效、控制权、企业投资、传承意愿
#5 产权	治理结构、生命周期、所有权
#6 社会资本	信任、家族主义、制度创新、企业家网络
#7 家族制	民营企业、乡镇企业、家族企业、家族文化

续表

聚类	关键词
#8 家族管理	企业主、家族信任、职业经理、家族企业
#9 代际传承	扎根理论、跨代创业、高管团队、技术创新
#10 股权结构	公司绩效、高管薪酬、实证研究、董事会结构

同样，对英文关键词聚类信息进行整理，并结合相应的文献信息进行分析，我们可以发现各聚类关注内容的差异性，如表 2.5 所示。

表 2.5　基于 LLR 算法的英文文献各聚类包含的关键词

聚类	关键词
#0 firm value	family firm; family control; firm performance; family ownership; family involvement; firm value; private family firm; financial performance; earnings management; empirical evidence
#1 entrepreneurial orientation	moderating role; socioemotional wealth; family business; socioemotional wealth perspective; family involvement; CEO turnover; agency conflict; comparing family; shareholder agreement
#2 social capital	entrepreneurial orientation; socioemotional wealth; family firm performance; private family firm; family involvement; moderating role; family businesses; family business; family SME
#3 family business	family involvement; family businesses; family business; moderating effect; social capital; psychological ownership; market orientation; non-family employee; mediating role
#4 family firm	family firm; family business; family businesses; family business research; family business succession; future research agenda; identity work; finnish family firm; strategic orientation; conceptual model
#5 family governance	social capital; family business; family businesses; family business research; entrepreneurial ecosystem; corporate social responsibility; new venture creation; empirical evidence; financial performance
#6 family business identity	earnings management; family ownership; corporate governance; family control; social capital; entrenchment effect; human capital; family CEO; global financial crisis
#7 agency cost	family business succession; entrepreneurial orientation; firm performance; family business; hidden champion; internationalization strategies; firm goal; institutional logics perspective; exploring multilevel contingencies

续表

聚类	关键词
#8 voting right	firm performance; family involvement; family ownership; non-family firm; governance mechanism; dividend policy; nonmonotonic relationship; corporate tax avoidance; audit quality

为进一步了解关键词聚类的情况,本书结合时间线进行分析。关键词聚类时间线侧重于从时间维度,通过关键词节点首次出现的时间来确定所属时区,而关键词之间的连线以及粗细程度则代表了关键词在后续时区出现的频次以及与其他关键词的共现关系。图 2.8A 和 2.8B 以文献发表年份为横轴,以聚类编号为纵轴。在国内的研究中,制度变迁的研究开始比较早,并持续了近 20 年的时间。另外,关于家族企业的政治关联、研发投入、跨代创业、技术创新等话题也一直是国内学者比较关注的话题。而在国外的研究中,关于公司治理、所有权、社会情感财富等方面的研究成果不断被丰富,视角及深度也在不断拓展。

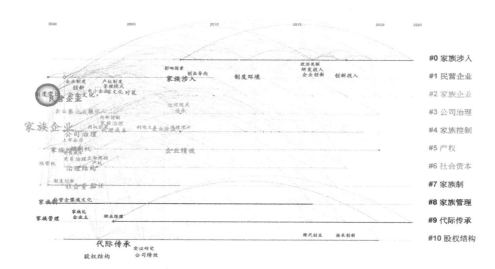

图 2.8A　家族企业中文聚类的时间线分布

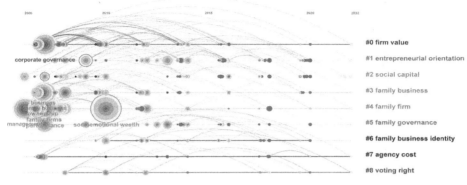

图 2.8B　家族企业英文聚类的时间线分布

7. 关键词突现分析

通过 CiteSpace 进行数据分析，并利用 Burstness 对文献进行计算，我们可得到某一阶段突现的关键词，同时得到该关键词的出现时间、出现强度、突现时间和结束时间。

结合图 2.9A，我们可以看出，国内近 20 年针对家族企业的研究可以大致分为三个阶段。

（1）2000—2009 年，突现关键词主要包括"制度变迁""家族制""家族管理"等，突现强度都超过了 8，主要围绕家族企业如何在保持"家族"属性的基本前提下进行制度变迁。家族企业是指由家族成员掌控或管理，并在家族内部进行传承的企业。相较于非家族企业，家族企业通常具有更为紧密的家族联系、更为集中的所有权和控制权，以及更为注重家族价值观和企业文化的传承。这些特征使得家族企业在经营决策、人力资源管理、财务管理等方面具有独特的优势和挑战。

关键词	年份	强度	开始年份	结束年份	2000—2022 年
制度变迁	2000	12.79	2000	2005	
家族制	2000	9.61	2000	2007	
家族管理	2000	8.4	2000	2005	
经营权	2000	7.04	2000	2005	
私营企业	2001	6.24	2001	2005	
治理结构	2002	7.08	2002	2009	
家族文化	2002	7.05	2002	2007	
企业制度	2002	6.53	2002	2005	
企业主	2002	6.26	2002	2007	
交易成本	2002	6.21	2002	2005	
对策	2005	7.05	2005	2009	
治理模式	2008	7.83	2008	2013	
企业价值	2007	5.62	2010	2017	
家族涉入	2008	15.53	2012	2022	
企业绩效	2008	13.79	2012	2019	
制度环境	2012	11.5	2012	2022	
家族控制	2001	9.06	2012	2017	
代理成本	2004	5.77	2012	2019	
代际传承	2004	14.52	2016	2022	
研发投入	2016	8.95	2016	2022	
政治关联	2016	6.67	2016	2022	
跨代创业	2016	5.8	2016	2022	
创新投入	2018	12.07	2018	2022	
企业创新	2016	10.14	2018	2022	
技术创新	2018	6.8	2018	2022	

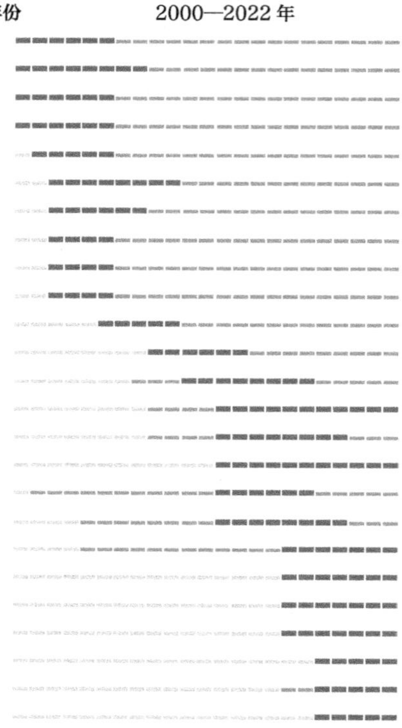

图 2.9A　家族企业研究中文文献关键词突现图

（2）2010—2015 年，突现关键词主要包括"家族涉入""企业绩效""制度环境"等，突现强度超过了 11，家族企业的经营管理也是研究的热点之一。家族企业的经营管理涉及企业的战略制定、组织结构、人力资源管理、财务管理等多个方面。研究者们主要关注家族企业的经营绩效、管理模式以及与非家族企业的比较等方面。一些研究表明，家族企业在经营管理中具有更强的灵活性和创新性，但同时也面临着家族内部矛盾、人才流失等挑战。

（3）2016—2022 年，突现关键词主要包括"代际传承""创新投入""跨代创业"等，家族企业的传承问题是研究的重点之一。由于家族企业的所有权和控制权通常集中在家族成员手中，因此企业的传承问题对于家族企业的长期发展至关重要。目前，研究者们主要关注家族企业传承的过程、影响因素以及传承对企业绩效的影响等方面。一些研究表明，成功的家族企业传承需要制订合理的传承计划、建立有效的沟通机制、培养接班人的能力和素质等。

从图2.9B中可以看出，国外学者对家族企业的研究突现词主要包括"agency costs"（代理成本）、"familiness"（家族关系）、"firm"（企业）、"diversifation"（多样性）等。主要研究内容及热点包括：治理结构，研究家族企业的治理结构，如家族成员在企业中的角色和权力分配、企业内部治理机制、家族企业与非家族企业的差异等（Miller，Breton-Miller，2010；2014）；继任和传承，探讨家族企业继任和传承问题，如家族企业的传承规划、继任人选的选择、继任人的培养与发展等方面（Kano，Verbeke，2018；Spielmann et al.，2019）；家族文化与企业绩效，研究家族文化对企业绩效的影响，包括家族价值观、家族文化对企业战略、创新能力、决策效率等方面的影响（Anderson，Reeb，2003；Maury，2006）；家族企业的国际化，关注家族企业如何在全球范围内进行扩张，面临的挑战与机遇，以及国际化对家族企业治理结构的影响（Kotey，2005；Xiaowen Z et al.，2019）；家族企业与社会责任，研究家族企业对社会的责任与回馈，探讨家族企业在社会责任、可持续发展和企业道德方面的表现和实践（Cruz et al.，2014；Randolph et al.，2022），认为家族企业在社会责任和可持续发展方面具有更强的意识和行动力，但也需要加强与社会各界的合作和交流；家族企业的创新与变革，研究家族企业的创新能力、变革管理和持续发展策略，认为应通过创新来促进家族企业的竞争力提升和生存发展（Craig，Dibrell，2010；Chrisman et al.，2014）。

关键词	年份	强度	开始年份	结束年份	2006—2022 年
agency costs	2007	14.53	2007	2013	
altruism	2007	12.5	2007	2015	
firm	2007	12.24	2007	2013	
corporate ownership	2007	9.68	2007	2017	
costs	2007	9.55	2007	2017	
ownership	2007	8.68	2007	2009	
agency	2007	7.94	2007	2009	
conceptual issue	2007	7.72	2007	2013	
culture	2007	7.52	2007	2015	
model	2007	7.26	2007	2011	
entrepreneurship	2007	5.86	2007	2011	
familiness	2008	11.4	2008	2015	
entrenchment	2008	9.27	2008	2015	
debt	2010	6.81	2010	2015	
separation	2010	6.75	2010	2013	
large shareholders	2010	5.68	2010	2015	
diversification	2012	9.63	2014	2019	
executive compensation	2014	5.89	2014	2019	
human resource management	2016	5.97	2016	2019	
women	2018	8.56	2018	2022	
heterogeneity	2018	6.65	2018	2022	
social identity	2018	5.87	2018	2021	
absorptive capacity	2018	5.75	2018	2022	
trust	2020	6.55	2020	2022	
resource-based vien	2020	5.96	2020	2022	

图 2.9B　家族企业研究英文文献关键词突现图

二、国内外关于家族企业的研究动态

"家族企业"究其本质而言，首先是一种企业组织形式，其次是必定有深深的家族烙印，"家族"和"企业"有着紧密的联系。然而，由于国内外具有一定的文化差异，在不同的历史时期和不同社会文化背景下，关于家族企业的研究必定存在着较大的差别。中国几千年家文化传统必定对企业的组织架构和管理模式产生影响；在企业的不同发展阶段，家族发挥的作用也不尽相同；家族管理成员的战略选择和未来的发展方向也影响了企业的演进和制度变迁。因此，在面临这样复杂的研究局面时，梳理国内外关于家族企业的研究动态就成为首要的问题。

（一）家族企业的界定

国外学者自 20 世纪 60 年代开始，逐渐增加对家族企业的研究投入，国内学者自改革开放以来也开始进行大量研究，主要围绕家族企业的界定、治理、传承等方面，开展了多样化的研究。家族企业的研究在诸多方面，如家族企业制度优缺点、代际传承等方面已达成共识，但由于认识上的差别或侧重点不一致，家族企业的定义和基本内涵到底是什么，理论界未能达成一致，国内外仍然存在争议。如何界定家族企业？这是家族企业研究的起点，家族企业的研究历程基本上就是对家族企业概念、内涵和特征的认识不断深化的过程。在过去的研究文献中，学者们对家族企业的定义并不一致（Chrisman et al., 2010），如钱德勒（1987）通过"股权和控制权"来认识家族企业、Donnely（1998）以"七条件"[①] 来界定、盖尔西克等（1998）的"三环模型"、叶银华（1999）的临界控制持股比例的"三条件"[②]。

正如 Handler（1989）所言：给家族企业下定义，是家族企业研究者面临的首要的和最直接的挑战。这是由家族企业包括的范围广、种类多、涉及的因素复杂所决定的（曹德骏，2002）。对家族企业进行界定首先体现了从不同理论视角来考察这一重要的企业组织，归纳来看，主要包括三个不同的视角。（1）家族治理视角。该视角强调家族的影响力（Chrisman et al., 2003），认为家族企业是由家族参与和互动而形成的独特的、不可分割的资源和能力，进而对企业战略方向产生了巨大影响的一类企业（Habbershon et

---

① 七条件包括：家族成员借自己与公司的关系，决定个人一生的事业；现任或前任董事长或总经理的妻子或儿子担任董事；家族成员以超乎财务的理由，认为其有责任持有这家公司的股票；家族成员的行为间接影响公司的信誉；公司、家族的整体价值合二为一；家族成员在公司的职务影响他人在家族中的地位；家族关系为决定继承经营管理权的关系。
② 三条件包括：一是家族的持股比率大于临界持股比率；二是家族成员或二等亲以内的亲属担任董事长或总经理；三是家族成员或三等亲以内的亲属担任公司董事的席位要超过半数。叶银华的概念在考虑了家庭的血缘亲疏远近的同时还注意了控制权的可控程度，并把家族企业看成一个动态的变化发展过程。

al., 2003）。（2）家族行为视角。该视角认为家族企业是由同一家族或少数家族成员控制的，以一种在家族成员或家族各代之间可持续的方式经营的企业（Chua et al., 1999）。（3）家族价值观 – 文化视角。该视角强调家族价值观作为家族企业文化支柱的重要性，比如家族控制意图（Litz, 1995），以此使家族企业与其他企业区分开来（Aronoff, 2010）。表 2.6 总结和归纳了国内外学者极具代表性的观点，从而引出本书对家族企业的内涵理解。

表 2.6　国内外学者对于家族企业的典型定义

定义或主要内容	来源
个人或家族拥有控制权的企业	Gersick K E
企业创始人及其家族合伙人一直掌握着大部分股权，并保留高层管理的主要决策权的企业，强调了家族对股权和控制权的掌握	Chandler A D
管理控制权在家族中传承的企业	Ward J L
由家族创立，家族成员掌握企业财产和经营管理决策权的企业	郑海航，曾少军
家族或家族联盟直接或间接掌握控制权的企业	孙治本，金祥荣，余立智
家族成员对企业资产和经营管理保持临界控制的企业，强调了家族成员对企业资产和经营管理的控制程度	李新春
家族规则和企业规则相结合，家族掌握临界值以上所有权和控制权的企业	储小平
单个企业占有企业绝大部分剩余收益和控制权，承担企业主要风险，强调了家族企业对企业的剩余收益和控制权的掌握	刘小玄
两代以上的家族成员继承管理是界定家族企业的关键因素，强调了文化和价值观在传承中的重要性	Donaldson S A
两个或多个泛家庭成员，通过利用亲缘关系、管理层参与或股权参与等方式，对企业发展方向施加影响的企业。这个定义突出了亲缘关系在企业管理中的重要性	Davis J H
企业的所有权和控制权归属同一家族，同时必须有至少两名家族成员实际参与企业运营	《福布斯》（中文版）

资料来源：作者整理。

1. 企业所有权角度

大多数学者都是从所有权这一基本轴线出发来对家族企业进行界定的。盖尔西克等（1998）认为，确定家族企业的标准是所有权是否为家族所有。潘必胜（1998）指出，家族企业是一个家族或数个具有紧密联盟关系的家族拥有全部或部分所有权，并直接或间接掌握企业的经营权。储小平等（2003）认为，家族企业是家族资产占主导地位、家族规则和企业规则相结合的企业，这种观点把家族企业的所有权和控制权视为一种连续的状态。还有的观点认为，家族企业是一种由于控股家族积极参与而具有独特商业愿景和目标的组织类型（Julio et al., 2016），因而，家族控制是家族企业有别于其他组织形式的核心特征之一。家族控制指的是，家族保有对企业的控制，这种控制可以通过家族成员持股、家族成员涉入董事会、家族成员涉入高管团队等多种方式实现。家族控制对控股家族及企业的方方面面产生了广泛且深远的影响。总体而言，既有文献主要从家族所有权、家族管理权以及家族同时涉入所有权与管理权三个方面出发，探讨、剖析了家族控制对家族自身和组织的种种影响机制，彰显了家族控制这一视角在家族企业异质性行为研究中的独特解释力。

控制权本身也是由所有权派生出来的，虽然以控制权来界定家族企业比较难操作，但是仍然有必要通过控制权在家族和企业内部的配置来衡量家族企业（李善民，王陈佳，2004）。如果家族成员没有掌握企业的控制权，那么企业在经营管理上也不会反映出家族成员的想法和理念，实际上和家族的联系并不紧密，这样的企业不是家族企业。

但是在家族拥有企业资本的比例问题上，学者们的意见并不统一。Church（1969）认为家族要拥有 100% 的所有权，Donckels 和 Frohlich（1991）认为家族成员拥有企业的 60% 以上的财产所有权，Hayward 和 Romano

（2000）、Paul 等（1995）等提出 50% 的财产所有权为家族企业控制界限，La Portaetal（2020）认为家族有效控制企业需要至少拥有 20% 的企业所有权，而 Yin-Hua Yeh 等（2001）则认为家族平均只需拥有 15% 的股权就能够有效控制企业。家族所有权从绝对控股到相对控股的变化是动态的连续流，不同国家家族企业所有权集中程度不同，用同一量化标准界定家族企业是不准确的，应该以定性的标准进行界定。如，钱德勒（1987）指出，家族企业应该是企业创始人及其最亲密的合伙人（和家族）一直掌有大部分企业股权的组织。

2. 家族涉入角度

在家族成员参与程度方面，国内外众多学者都认为家族成员在企业的涉入也是家族企业的判断标准之一（Astrachan et al.，2002；陈凌，王昊，2013）。然而，对按照何种家族涉入条件划分不同类型的家族企业，家族企业认定是要满足所有要素还是包含部分要素就可以，学术界仍然有较大的分歧。随着研究的推进，学者多采用连续界定法，认为家族企业与非家族企业的差别在于家庭基本要素的参与程度。有学者指出，要充分认识家族企业内部存在的异质性差异，包括家族涉入程度、家族成员是否进入董事会、家族是否存在超额委派董事、家族成员参与管理代数（Anderson，Reeb，2003）。由于家族涉入程度的不同，故而即使是同一行业、同一地区的家族企业在战略决策上也表现出明显的不同，具体体现在企业并购决策（Miller et al.，2010）、国际化战略（Gómez-Mejía et al.，2010）、研发支出（James，Chrisman et al.，2012）等方面。因此，家族企业的界定应该考虑家庭基本要素参与度的不同影响程度，以便更好地理解和识别家族企业。

家族成员的参与也体现在代际传承方面，Ward 等（1997）指出，企业控制权在家族成员中传承，或者家族二代及以上成员在企业内工作是家族企业界定的重要条件。董事会、管理高层和核心技术层都必须保证家族成员占有一定比例的职位，即在企业的运营管理上体现出家族的价值观和意志。类似的观点也受到了较多学者的支持（Astrachan，Shanker，2003；Churchill，Hatten，1987），只是在参与人数的多少界定上，各位学者的观点存在差异。但由于东西方文化差异和市场经济发展程度不一样，采用这样的标准来界定国内的企业过于严苛（李善民，王陈佳，2004）。对于中国家族企业而言，现代民营企业才发展了40多年的时间，很多企业的实际控制人还未真正退出企业的实际控制，有些企业的代际传承并没有完全提上日程。在中国的特殊情况下，这些企业仍然可以被视为家族企业。

根据Astrachan和Shanker（2003）的研究，家族企业可以被定义为三种，如表2.7所示。（1）狭义的家族企业是，家族成员全面涉入企业管理，直接参与并监督绝大部分的日常经营。（2）平衡的家族企业为，家族成员涉入企业经营管理的一部分，掌握着对重大事项一定程度的表决权。（3）广义家族企业，即家庭虽介入程度较轻，但仍能够把握企业发展方向，并将公司控制权保留在家庭内部。

表2.7　家族企业的三种操作性定义

狭义定义	平衡定义	广义定义
（1）参与的代次多 （2）家族直接参与经营与控制 （3）至少有一名家族成员为高层管理人员	（1）创始人或其后代经营企业 （2）控制企业的法定投票权	（1）对企业战略方向的有效控制 （2）旨在保留家族控制权
↓ 家族参与程度高	↓ 家族有一定程度的参与	↓ 家族参与的程度低

资料来源：Astrachan和Shanker（2003）。

　　国外也有学者提出了更为详细的家族成员涉入的分类标准，Astrachan等（2004）构建了一个 F-PEC 量表，用来衡量家庭对企业的影响程度，量表划分了权力、经验和文化三个维度。鉴于上述从所有权比例和家族成员涉入角度进行定义不完备，Westhead 和 Cowling（1998）将二者整合后，将家族企业分为七个层次进行界定。更有学者在研究家族企业对企业价值的负面影响实验中，将家族企业区分为九种类型（Villalonga，Amit，2006）：（1）一名或众多家族成员担任高层人员、总裁或主要股东；（2）最少有一名家族管理者和一位家族总裁；（3）家族成员是主要股东；（4）家族成员是第一大股东；（5）第二代或更高世代的一名或众多家族成员担任高管、总裁或主要股东；（6）家族成员是主要的股东，其他类型的公司也可能会受到代际传承的直接影响，但是这些因素可能会对公司的价值产生重大负面影响；（7）家族是公司的第一大股东，持有至少 20% 的股份；（8）家族可以担任董事或大股东，但管理者中不包括家族成员；（9）家族是公司的主要股东，持有至少 20% 的股份，并且有一名氏族长官和一名氏族总裁，隶属于第二代或更高世代。这九大分类覆盖了当前研究文献中对家族企业的界定，为后续研究提供了一个全面的视角。

　　国内学者大多数则按照亲等的次序来定义。彭兆荣（2000）认为企业的领导层核心位置由同一家族成员出任。叶银华（1999）对家族成员的参与度界定更为具体，他把家族成员或具二等亲以内之亲属担任董事长或总经理，以及家族成员或具三等亲以内之亲属担任公司董事席位的一半以上，作为判断标志。储小平（2004）认为这种定义方法可以更好地反映家族企业的本质状态，从而弥补二分法定义的不足，并且其已经被广泛应用于国内家族企业研究。

　　然而上述这样的分类方法存在较强的主观性，很难客观地量化涉及的研究变量。家族在企业中的力量到底要达到怎样的程度，企业才能被称为家族企业，到目前也没有一个为学者普遍认可的答案（张忠民，2002；窦军生，2008）。

3. 家族社会性角度

以血缘、亲缘为基础，家庭、家族关系网及其延伸的泛家族关系网是家族企业的重要构件。丹尼斯·杰佛（Dennis Jeffrey）认为，"血缘、工作、所有权"这三种共同体构成家族企业的精髓（王学义，1999）。家族的概念在描述中国家族企业时更为典型。费孝通（1948）认为中国采用差序格局，利用亲属的伦常去组合社群。吉尔伯特·罗兹曼（1989）认为，家庭和血缘构成现代中国的第一主题。Hamilton（2003）指出，中国的家族企业通过随时间地点的变化而扩展或收缩的联系表现出来。吕天奇（2003）认为，家族企业是以血缘为基础，以亲情为纽带，家族成员掌握所有权或企业法人财产的控制权，且直接或间接掌握企业经营权的一种组织形式。家成为家族企业的基本属性之一，在现实中具有家族特性的各种经济组织均为"家族式组织"（韦前，2001）。

中国倡导以家为核心，依据亲缘关系由近及远构成差序格局。整个社会关系网络沿着血亲、姻亲、亲信、友人等的差序逐步从核心向边缘扩散，并反映在家族企业中。家族企业的管理在很大程度上根植于亲缘关系，具有亲缘关系的家族成员由于天然的信任关系很容易凝聚和团结在一起，他们的目标和价值导向比较相似，且能以低成本的妥协方式避免争端（王明琳，周生春，2006；Karra et al.，2010）。在家族企业不断成长的过程中，亲缘关系会从核心向外扩散，更多的非家族成员也会被吸收进入泛家族网络（马丽波，付文京，2006），但由于受到"内外有别"传统思想的影响，非家族成员很难获得家族成员的信任，也就难以通过平台来实现价值。以家族社会性来定义家族企业，具有指向性强、范围较广的优点，不足之处在于较为笼统，内涵界定也较为困难。

4. 从文化角度界定

从文化的角度来定义家族企业的做法并不多见（从文化角度研究中国家族企业的比较多），但这也是一个独特的研究视角。姚耀军、和丕禅（2003）指出，家族企业是文化伦理契约与正式契约对交易的共同治理，而中国家族企业中的文化伦理契约所体现出的特殊主义文化特征正是识别中国家族企业的关键。Redding（1990）认为，中国家族企业实质上就是文化产物，是把家文化泛化，扩大到家族以外的人际关系和组织中的结果（杨国枢，1998），且中国家族企业在企业人力资本的整合和组织行为上依然是以差序格局为基本特征的（郑伯壎等，1998）。张长立和崔绪治（2003）、苏琦和李新春（2004）、曹燕和吴曰友（2008）等学者也从文化的角度阐述家族企业文化对决策方式、人力资源、激励机制、企业发展等方面的影响。

从以上选取的具有代表性的观点综合来看，我们可以提出分辨家族企业的几个关键词：拥有所有权、家族参与、家文化、控制。笔者认为家族企业以控制权为最主要的判断标准，从家族拥有两权（企业所有权与控制权）到拥有多数控制权，再到拥有临界控制权的企业，都应属于家族企业。家族失去对企业的控制权，家族企业这种特殊的企业组织形式也就不复存在，或者说，企业即成为非家族企业。家族企业在制度演进、组织结构、要素构成、治理原则和可持续发展等方面的表现可以被视为家族控制权所内生的具体的制度安排。由于不论是所有权、管理权、控制权方面的定义还是代际传承方面的定义，国内外学者都无法统一意见，因此 Westhead 和 Cowling（1998）认为，可以对家族企业的定义进行多重条件限制。具体而言，这些定义其实就是盖尔西克等人（1998）提出的家族维度、企业维度和所有权维度的组合。这样，家族企业问题就转化为一个解释家族控制如何与企业控制相结合的实证问题。

（二）家族企业内部的控制权研究

相较于国内外学者对家族企业的不同界定，现有研究更多地聚焦于家族企业和非家族企业之间的区别：如 Anderson 和 Reeb（2003）的研究，对家族企业的高管层中是否包含亲缘关系进行了笼统的统计；又如连燕玲等（2012）的研究，对家族企业内部的亲缘关系进行具体的、分门别类的研究。一些学者通过深入分析中国传统的家族制度、家族文化和中国现阶段特定的政治、经济和文化环境，以创业家族是否掌握以及在多大程度上掌握企业的控制权作为识别"家族企业"与"非家族企业"的基本标准（程书强，2006）。产权经济学大师德姆塞茨（1999）曾指出：企业控制权是"一组排他性使用、收益、交易企业资源（包括财务资源和人力资源）的权利束"。作为一个虚拟的人格化生产经营实体，企业并不存在自己特定的目标函数，它的资源配置方向及其配置形式完全取决于企业控制权的拥有者。基于这一认识，家族企业在组织基础、要素构成、产权结构、领导制度、治理原则、经营观念和权力交接等方面的经济特征都可被看作由家族控制权所内生的（为了确立、维护、实施这组权利束）具体制度安排。

从这个意义上讲，谁掌握了企业的控制权，企业的行为就体现谁的意志和利益。关于家族企业控制权的研究，往往基于委托—代理理论来探讨家族企业控制权从创业家族向职业经理人转移的过程。如徐细雄和刘星（2012）的研究就探讨了委托人和代理人之间的控制权转移。这样，家族企业问题就转化为一个解释家族控制为什么以及如何与企业控制相结合的实证问题。由于对家族企业的理解强调的是"控制"，而不是"家族"，所以"控制"研究的重点不仅包括对明确界定为家族私有的企业财产的控制，同时也包括企业财产权不完全归家族所有但实际控制权被某一家族掌握的情况。"创业家族"不仅包括以血缘、亲缘、姻缘为组织关系联结纽带的社会学意义上的"家族",同时也包括以地缘、学缘、友缘为组织关系联结纽带的"泛家族"。

然而,很多学者都忽略了家族控制权首先在家族成员内部分配的过程,即在委托人之间分配的过程。这并非委托—代理理论指出的大股东对小股东的代理问题,而是家族企业的控股股东决定谁可以共享控制权的问题。通常,家族企业的控股股东会将家族成员引入董事会、监事会和高管层,由家族成员共同对家族企业进行管理。家族企业内部的家族成员在一定程度上共享着企业的控制权,他们通过操纵企业的控制权,决定创新活动的开展和创新资金的投入,而企业的创新活动又会影响企业价值。换言之,将各种亲缘关系引入家族企业,可能会对企业价值产生正向或负向影响。而且,当家族企业处于不同生命周期时,产生影响的方式也不尽相同,对此需要进行深入系统的探究。

具体到企业层面,家族控制的影响涉及家族企业的治理、战略、财务以及绩效等多个领域。就公司治理来看,家族控制所引发的委托—代理冲突是这一研究领域聚焦的热门话题。除了委托—代理冲突,家族控制对公司治理的影响还体现在 CEO 的长任期与高龄化、组织结构高度灵活及亲疏偏待等问题上(Munoz-Bullon, Sanchez-Bueno, 2011;Kano, 2012)。在公司战略领域,家族控制的影响主要围绕家族企业的人力资源(Hauswald et al., 2016)、国际化(Liang et al., 2014)和创新战略(Duran et al., 2016;Souder et al., 2017;吴炳德等,2017)展开。除了家族控制对公司治理和公司战略的影响,债务、融资等财务结构问题(Allouche et al., 2008)以及财务绩效(贺小刚,李新春,2007;Young et al., 2008;许年行等,2019)、并购绩效(Caprio et al., 2011)与市场价值(陈文婷,李新春,2008)也是学界在企业层面重点关注的议题。

家族企业的非家族化过程可以被理解为一个企业控制权逐步向创业家族范围以外重新优化配置的过程。控制权是便于观察和测量的工具。以控制权来定义家族企业，使本定义不仅具有概念性，更具有可操作性。综上所述，本书对家族企业的定义如下：家族企业是指在较长的时期内被同一家族持续控制的企业，它以血缘关系为纽带、以家族利益为目标、以实际控制权为手段，是一种要素契约与关系契约相融合的经济组织。

在这个定义中，拥有控制权是内在隐含的条件，对经营管理权掌握程度的不同是区分家族企业不同发展阶段的主要依据。以下两类都属于家族企业：家族掌握企业决策控制权，家族成员完全控股或只占很小比例的股份但拥有相对优势的企业；家族掌握企业经营控制权，完全由家庭成员掌握的家族企业组织，或是家族掌握高层的具有企业战略意义的经营决策权的企业。一旦突破这一范畴，家族企业也就蜕变为非家族企业。

（三）家族企业制度变迁的演进路径研究

很多学者对家族企业演进路径形成了统一的认识。姚耀军和和丕禅（2003）认为家族企业的制度演变是在一定市场环境、社会政治环境下的制度选择行为，可以是家族化治理、两权分离的现代公司治理结构或者其他诸多形式。陈凌（1998）得出中国是信息分散度和规范度都较弱的国家这一论断，认为家族企业的最佳演进路径既不是市场也不是科层制组织，而是网络模式。

企业的发展态势是一个持续动态演变的进程，Luis 等（2007）将家族企业按照不同发展阶段划分为三种类型。第一类是始终由创业家族牢牢控制、家族核心成员亲自参与管理的家族企业；第二类是不再由创业家族中的核心成员直接管理，但依然由一个大家庭中，或多或少具有一定的亲缘、血缘关系的人经营，创业家族依然持有股份，企业管理层依然有家族成员存在的企业；第三类是持股的家族成员来自创业家族以外，从事家族企业经营管理的已不再是家族成员而是外聘职业经理人的企业。从动态视角出发，在第一类家族企业中，创业家族控制和管理企业必然最不愿意放弃企业控制权；而在第三类家族企业中，家族只是单纯地持有企业股权，而且持股家族成员来自创业家族之外，企业日常经营管理已经交由外聘职业经理人，这类家族企业对控制权的重视程度较之前两类家族企业明显表现得更为弱化。

程书强（2006）将家族企业控制权模式中的一些共有元素归结为三个层面的制度创新：一是典型家族企业"要素构成"层面的"泛家族化"，指创业家族有选择地尝试与非家族人力资本所有者缔结同家族合约相类似的长期关系契约，从而把只适用于血亲家族成员的永久性合约关系扩展至血亲范围之外；二是典型家族企业"产权状态"层面的"家族（核心）资本的网络化"，指在某一领域内已经取得一定竞争优势的家族企业尝试通过网络扩展的方式，将已形成的核心竞争力（以某种专用性资产为载体）局部社会化，以部分控制权让渡吸引外部资源，从而最大限度地扩张家族事业的组织规模和影响力边界；三是典型家族企业"融资机制"层面的"家族企业资本社会化"，指家族企业打破家族资本封闭堡垒，通过股份合作制和公开上市等形式吸纳社会资本，以企业的部分控制权让渡换得企业规模的迅速扩大。

张余华（2003）认为，根据家族化程度的不同可以将家族企业划分为三种：第一，所有权和经营权合一，由一个家族或家族联盟牢牢掌握控制权；第二，家族或家族联盟掌握部分所有权和主要业务的经营权；第三，家族或家族联盟掌握部分所有权，而不再涉及企业的经营管理权。晁上（2002）认为，家族企业可以被划分为古典家族企业和现代家族企业：前者是指家族在企业所有权、管理权和控制权上占绝对统治地位的企业；后者是指股权较为分散、采用科层制的现代家族企业。

李善民和王陈佳（2004）对家族企业的划分进行了更详尽的论述，主要包括以下四种类型：家庭式企业、纯家族式企业、准家族式企业或泛家族式企业、混合式家族企业。家庭式企业是家族企业的极端形态，家族拥有企业所有的产权，企业的管理、财务等关键职位都掌握在家族成员手中。很多家庭作坊和个体户采用这种模式。当家庭式企业引入姻亲亲属后，企业即演变为纯家族式企业。此时企业的控制权仍然掌握在血亲和姻亲亲属手中，家族权威是企业治理的主要手段。当纯家族式企业进一步引入家族成员的熟人，如同学、战友、老乡、朋友、同事等，通过联姻、认干亲、拜把子等方式将他们吸收进泛家族圈子，填充企业的关键职位，但家族仍然控制企业的核心权力时，家族企业就成为准家族式企业。当家族企业开始向社会招收人员并使其占据家族企业的关键职位，进一步将控制权授让给外人时，家族企业就变成了混合式家族企业。这也是现在大部分家族企业的组织形态。

更多学者对家族企业的演进路径划分得更为具体。赖作卿（1999）认为家族企业的演进路径是"原始企业—家族式企业—公众公司"；汪和建（1999）认为家族企业沿"家族企业—合伙制企业—股份制企业"的路径演进；王宣喻和储小平（2002）认为家族企业的发展以"家庭式企业—纯家族企业—准家族企业—混合家族企业—公众公司"这样的路径演进。以来自台湾的王光国教授为代表的学者，从家族企业的发展阶段与组织形态角度对家族企业进行划分：第一形态是只用亲属的纯粹意义上的家族企业；第二形态是采用"人治"管理方式的家族企业；第三形态是从"人治"过渡到"法治"的家族企业；第四形态是"经营权"和"所有权"相分离的现代意义上的家族企业（王学义，1999）。每一类形态都对应家族企业的不同发展阶段，在这个过程中，控制权逐步对外开放，组织形态从传统意义上的家族企业逐步向公众公司演进。虽然在家族企业具体演进路径的认识上有所差异，但这些学者对最终的演进结果基本达成了一个共识：家族企业最终将朝着现代企业的方向逐步演进。

从家庭式企业到泛家族式企业，再到企业网络联盟的演进，是家族企业成长的重要路径。在这个过程中，笔者认为并不是所有的家族企业成长的最终形态都是公众公司，实现家族企业的转型对于创业者来说是一个非常痛苦的过程。所以有的企业保持家族企业的基本形态，但与其他类型的企业结成网络联盟，这在台湾中小企业发展中表现得比较明显；有的家族企业的成长可能停留在某一阶段，甚至一直保持纯家族企业形态；有的企业在成长过程中可能越过一些阶段，但由于不能超越某一节点而被淘汰；有的企业可能在不同路径之间跳跃发展。家族企业的发展并不是只有一种固定的模式，企业应该根据自身的特色和企业的不同发展阶段，选择一条适合企业发展的路径，成为"现代家族企业"，具备后家族管理[①]模式只是其中一个选择。正如钟朋荣（2002）认为，家族企业不应强求升级，要结合自身情况而定。栗战书（2003）也认为，企业采取的内部组织形式必须与自身特点和所处外部环境相适应。因此，家族企业不能一味地想着往现代企业转变，要视具体情况而定。

---

① "后家族管理"，全称为"现代企业后家族管理"（Post-Family Management of Current Enterprise），是由中国学者周阳敏在21世纪初提出的一种新型的企业治理模式。它是企业内生的决策模式，是将现代管理手段嫁接于家族企业并对二者进行合理有效融合的结果，不满足家族管理与现代管理非0即1的二进制规则，使得家族管理和现代管理优势互补。它包括人事、战略、生产、营销、财务、组织等的管理，是全方位的、系统的管理模式，而且后家族管理是由非正式的结构——"血缘系统"和正式结构——"组织系统"相结合的管理系统。"后家族管理"的"家族"是指家族网络圈，包括由创始人共同体和亲缘共同体组成的具有家族性质和血缘特征的家族群体；"后家族管理"的"管理"是指现代科学的管理方法及管理结构与传统的家族管理相融合之后形成的新型的管理模式。

三、本章小结

本书通过 CiteSpace 软件，基于 WOS 以及中国知网数据库对近 20 年来家族企业研究领域的文献及其存在的问题展开讨论，并进行了可视化分析，重新界定了家族企业，为本书的后续研究奠定了理论基础。研究结果如下。

第一，作为全球企业的一种主要的组织形式，家族企业在世界经济发展中发挥着非常重要的作用，国外对家族企业的研究持续了较长时间，产生了丰富的研究成果，国内很多学者也对中国的家族企业展开了多样化的研究。近 20 年来，国内外对家族企业领域研究的发文量呈现不同态势，国外一直保持递增趋势，而国内呈现先升后降逐渐稳定的态势。这表明国内外该领域的研究热度和侧重点不一样，而且这与国内关注家族企业的期刊较少和国家对民营企业的扶持政策有一定关系。

第二，从各类合作图谱来看，欧美发达国家及其对应的研究机构、研究学者在家族企业领域的研究中发挥了举足轻重的作用，以这些研究机构和核心作者为中心形成了较为密集的合作网络，并且其研究内容丰富，几乎涵盖了该领域的所有研究主题。但是，反观中国学者和研究机构，其在整个合作图谱中的地位尚未凸显出来，也尚未形成相对稳定的合作网络。但总体而言，中国在该领域的研究还是具有一定的发展潜力的。因此，后续中国的研究机构和学者仍需加强对该领域的关注。

第三，根据热点词汇分析，家族企业的研究与制度变迁、代际传承、公司治理、社会资本、社会情感财富理论、创新等热点问题相关，聚类呈现为"家族企业""家族控制""家族身份""公司治理""社会资本"等研究主题，它们是近 20 年来家族企业研究领域的前沿和热点问题。除此之外，研究学者在跨国并购、国际化、社会责任等方面也投入了较多的关注。

　　第四，本章总结了国内外从不同角度对家族企业所进行的界定，家族企业组织的经济绩效和生成原因，指出了家族企业的成长前景和变革方向。本章通过对家族企业存在问题的讨论，从控制权的角度对家族企业进行了界定，围绕内部存在的企业和家族两个平行系统来理解家族企业经营目标的多样性，认为家族企业制度变迁的路径并非沿着单一的方向，需结合实际情况而定。这些文献综述为后续家族企业控制权的分类、作用机制等研究奠定了扎实的基础。

CHAPTER 3

第三章　家族企业制度变迁的理论基础

一、家族企业研究的相关理论

（一）委托—代理理论

1. 家族企业中的委托—代理问题

代理理论的提出最早可以追溯到伯尔（A. Berl）和米恩斯（G. Means）的研究。Jensen 和 Mecking（1976）将委托—代理理论应用到了金融学科中有关公司资本结构的研究中，并开创性地提出了"代理成本"这一概念。委托—代理理论认为企业所有者和管理者之间存在代理问题的主要原因是利益冲突和信息不对称，这很有可能导致双方利益最大化目标的背离，因此需要通过严密的监督或是签订合同等代理成本控制系统来协调双方的利益，限制代理人的道德风险、逆向选择等"搭便车"的机会主义行为。为了控制该类问题的产生，委托人不得不承担更高的搜索和验证成本，同时需要对激励、惩罚以及协调管理等行为进行组合，以协调并监督代理人的行为，这些都构成了委托—代理关系中的代理成本。

委托—代理理论是家族企业研究中最为重要的理论基础之一（Chrisman

等，2010）。根据学者的已有研究，企业若由所有者直接管理，将显著降低代理成本。这是因为作为所有者的管理者能够全面参与并决定企业运营中的机遇与挑战，从而最大限度地减少机会主义行为。同时，这种做法还能使监督成本最小化，因为所有者与管理者之间的利益一致，减少了内部监督和协调的需要。基于这样的逻辑判断，传统的家族企业往往由企业主亲自经营，由于所有权主要集中在单一个体或具有紧密关联、血缘关系的家族成员手中，这些企业通常较少或几乎不受代理问题的困扰。这背后的原因包括家族成员间长期的互动与深入了解，以及在长期共同生活过程中形成了一系列非正式契约。这些非正式契约通过减少信息不对称程度，有效促进了家族成员间的信任与合作，从而使得家族企业的代理成本趋于最小化。

尽管家族成员间通常存在紧密的联系和共同利益，但家族并非完全同质的群体，成员间的利益分歧难以避免，家族企业的独特性也导致其具有不同的组织特征和行为模式。每个个体都拥有自己独特的偏好和倾向，这同样适用于家族企业的成员，包括企业主和其他家族成员。即使在由所有者直接控制的家族企业中，不同的家族成员也可能持有不同的偏好和观点。此外，紧密的家族联系可能会导致传统的代理成本控制形式变得不那么有效。这种紧密的联系可能使得家族成员之间的监督和约束变得更为复杂，因为家庭成员之间的情感纽带和社会期望往往超越了纯粹的商业利益。因此，尽管家族企业具有某些优势，如减少信息不对称和降低监督成本，但也需要特别关注和解决由家族成员间偏好不同和关系紧密可能引发的委托—代理问题。随着时间的推移和企业规模的扩大，家族企业可能会面临所有权与控制权分离的情况，进而受到委托—代理问题的困扰。在信息不对称的情况下，家庭内部的友好善意假设可能不再适用。Schulze 等（2003）学者进一步探讨了家族企业主的利他主义对代理成本的影响。他们认为，虽然家族企业主的利他主义在一定程度上有助于家族成员利益的协调，但也可能导致一些代理问题。由于家族企业主难以解雇表现不佳的家族高管，并可能为他们提供过高的薪酬，这可能导致家族高管出现"搭便车"、偷懒、逆向选择等行为（Lubatkin et al., 2005）。这些行为不仅增加了在职保护成本和职位错配成本，还导致了代理成本的产生。

家族企业在发展初期能快速地获得成功的主要原因是企业内部的所有权和经营权高度集中，这大大地降低了因受托人与委托人目标不一致而产生的代理成本。家族企业的代理问题与现代企业制度中典型的两权分离、委托人与代理人行为特征明确的公众企业代理问题存在显著差异。对于上市的家族企业而言，尽管所有权与控制权两权合一的情况发生的概率相对较小，但控股家族"一股独大"的现象屡见不鲜，甚至在很大程度上普遍存在。当所有权集中在具有特殊（血缘）关系的决策型代理人手中时，这种"私人属性"为家族企业带来了一种独特的保障。由于家族成员间具有紧密关系和高度的信任，这些代理人通常不太可能通过获取额外津贴或低效地配置资源来侵占其他所有者的权益。这种家族特有的忠诚和责任感，使得家族成员更倾向于为企业的长远利益着想，而不是追求短期个人利益。因此，在家族企业中，所有权的集中与血缘关系的结合，有助于降低代理成本，提高资源配置效率，从而保护所有者的权益。

但是在家族企业中，针对所有者与管理者之间的委托—代理问题，仍然要区别对待。家族企业中的代理问题主要在于对利他主义的过度依赖。由于家族成员之间存在着强烈的血缘纽带和裙带关系，他们往往会将利他主义行为纳入企业的日常经营中（Chami, 2001）。然而，这种利他主义的存在也带来了一些代理成本。家族企业主更倾向于任人唯亲，这使得家族成员在企业中更容易产生"搭便车"、消极怠工等代理问题，从而引发新的道德风险。这使得家族企业的代理问题随着利他主义水平的提高而越发严重。

尽管如此，社会对家族企业专业化的期待造成了压力，促使这些企业聘请非家族成员担任高级管理职位（陈凌等，2011）。这一做法虽然可以带来新的视角和技能，但同时也引入了新的代理成本问题，因为非家族高管可能有自己的利益考量，这与企业主的目标可能发生冲突。因此，在考虑家族所有者与管理者之间的传统委托—代理问题时，也必须关注家族所有者与外部非家族管理人员之间的代理问题。在中国这样一个职业经理人市场尚不成熟的环境中，家族企业主往往难以有效预防非家族管理者的机会主义行为，这可能导致管理层出现更多的自私行为。更为复杂的是，家族企业不仅追求经济目标，还追求非经济目标（Chrisman et al.，2012），并且存在对家族和非家族高管给予不同待遇的情况（Chrisman et al.，2014），面临着如何设定两者的薪酬待遇的问题（Jaskiewicz et al.，2017），这些都增加了家族企业主与非家族管理者之间代理问题的复杂性。

此外，控股股东和中小股东之间的利益冲突也会产生代理问题，尤其是在所有权比例较为集中的现代企业，由控股股东对中小股东的利益侵占引发的严重的利益冲突是最突出的矛盾（Dyck，Zingales，2004）。在上市的家族企业中，金字塔结构控股模式不仅增加了企业主的控制权比例，还进一步凸显了家族委托—代理问题的复杂性。大股东可能会利用其在公司的主导地位，通过牺牲其他中小股东的利益来谋求个人私利，从而引发控股股东和中小股东之间的代理问题（Morck，Yeung，2004）。然而，当这些大股东是银行、投资基金或控股公司等机构投资者时，由控制权带来的私人利益会在众多所有者之间得到分散，从而显著减少大股东侵犯中小股东利益的动机。相反，如果大股东是某个特定的控股家族或个人，则该家族或个人会有更强的动机去监督中小股东的行为，并可能为了自身利益的最大化而侵犯中小股东的利益。中国的法制体系正处于不断完善的过程中，对于投资者的保护力度仍需进一步加强。由于当前违法成本相对较低，大股东侵占问题在中国资本市场监管和公司治理方面显得尤为突出。控股股东所拥有的"权"与实际应得的"利"之间存在不平衡，控股股东可以通过较小的现金流权获取较大的控制权，两权分离程度越高，往往企业控股股东利益侵占越严重（Bach，Serrano，2015）。

家族企业在控股权方面通常表现出集中化的特点，这使得家族财富与企业价值紧密相连。由于控股家族与企业的利益高度一致，他们具有强烈的动机去监督管理层，并且具备足够的能力去了解企业、搜集信息，从而有效减少信息不对称的情况。此外，控股家族还可以直接任命家族成员担任公司高管，通过这种方式来缓解代理问题。然而，集中的控制权也为控股家族提供了利用控制权获取利益的动机和机会。在投资者保护力度较弱、公司治理环境不佳的地区，这种利益侵占现象尤为严重。控股家族可能会利用手中的控制权进行不当的利益输送，损害企业和其他股东的利益。家族企业的内部结构、股权形式以及发展前景随着时代的变迁而不断演变。在这些变化中，家族控制权相对减弱是一个显著趋势。通过引入职业经理人和推动去家族化进程，家族企业能够有效地降低控股家族的侵占能力。此外，经济形势的向好、违法成本的增加、媒体监督的加强以及投资者保护力度的提升等因素共同减少了控股家族进行利益侵占的动机。这些积极的变化为家族企业的健康发展和长期稳定奠定了基础。因此，在加强投资者保护和改善公司治理环境的同时，企业主也需要关注家族企业中控股股东的行为和利益诉求，以确保企业的健康发展和所有股东的权益得到保障。

2. 委托—代理理论在家族企业研究中的应用

委托—代理理论是在家族企业研究中较为广泛使用的理论之一，这在相关学者的文献研究中已得到了验证，48%的家族企业研究文献使用代理理论作为分析框架（Villalonga，Amit，2006）。家族企业与非家族企业在治理机制方面存在的明显区别是不容忽视的。传统家族企业治理通常依赖血缘关系、家族信任以及统一的价值观等非正式的关系治理模式（Mustakallio et al., 2002）。以血缘和亲缘为纽带，若家族成员更关注企业的长期发展，在运营管理中就会减少机会主义行为，从而有利于降低代理成本。在制度环境尚不完善或企业创始初期，这种非正式的治理模式对于提升企业的治理效率尤为有效（李新春等，2018）。然而，随着企业规模的扩大和制度环境的逐步改善，家族治理中的裙带主义和过度利他主义等行为逐渐暴露出家族企业在经营能力和资本上的不足（贺小刚等，2007）。这些问题不仅可能降低企业的边际效用，甚至可能给企业带来负面效应。因此，对于家族企业而言，如何平衡和调整其治理机制，以适应不断变化的企业规模和外部环境，成为一个亟待解决的问题。

委托—代理理论在家族企业的应用研究中为学者们提供了新的视角和思路，拓宽了研究的深度和宽度，也产生了大量的研究成果，较好地分析了家族企业在发展过程中的各类问题。后来的学者根据跨学科融合，得出了更多有价值的研究。如结合心理学，进行高管的心理所有权分析，这会对家族企业的代理问题产生影响。高管的这种所有权意识能够使代理人的目标与家族企业的利益保持一致，有助于将非家族成员高管潜在的代理人倾向转变为心理所有权（Sieger et al., 2013）。类似地，高管的组织认同也对企业代理成本产生影响。较高的组织认同能激发高管保护企业形象与利益，从而降低代理成本（Boivie et al., 2011）。此外，家族企业的亲缘关系与代理成本之间的联系也不容忽视。值得注意的是，有学者如王明琳（2014）等，利用演化生物学的概念，深入剖析了家族企业亲缘关系带来的利他主义与代理成本的内在联系，并得出结论：家族企业中的利他行为与企业代理成本呈替代关系。这些观点和发现都进一步扩展了学界对家族企业的理解。

（二）社会情感财富理论

1. 社会情感财富的多维度适用

社会情感财富理论是基于家族企业实践探索形成的理论，改变了之前家族企业研究借鉴经济学、管理学以及组织行为学已有理论的状况，从家族企业双元目标（企业的赢利目标和家族情感目标）出发，提出家族企业的异质性在于追求除物质财富增长之外的情感禀赋，从根源上解释了为什么家族企业具有不同的决策行为，成为分析家族企业战略、社会责任、研发支出、投资战略等决策的重要理论基础。

自社会情感财富理论的研究框架提出以来，国外学者对社会情感财富的内涵进行了丰富的阐释，认为家族从企业获取的情感禀赋——对非经济目标的追求，是分析家族企业本质最重要的理论基础。家族所有权赋予家族企业独一无二的特性。与其他类型企业所有者相比，家族企业所有者具有非经济利益的偏好，包括拥有企业的心理满足与归属感、与一手缔造的企业的情感联结、保持家族控制的诉求、代际传承的家族文化的延续、家族特有社会资本的维护以及对家族成员的利他主义考量（朱沆等，2016；陈凌，陈华丽，2014）。若仅从企业的视角出发，理论确实难以全面解释为何在面对更佳的投资机会和发展前景时，企业主会选择放弃。在这种看似非理性的决策背后，实则隐藏着深层的家族因素。尽管对于大多数创业者来说，放弃控制权同样是一个艰难的选择，但当面对巨大的经济利益时，他们往往会权衡利弊，做出决策。然而，对于家族企业创业者而言，控制权往往成为其战略决策的首要考量。他们宁愿承担一定的经济损失，也不愿轻易放弃对企业的控制。这是因为家族财富与企业的命运紧密相连，一旦企业经营出现问题，家族财富也将面临巨大风险。这种紧密的联系使得家族企业主在面临外部资金时持谨慎态度，担心外来资金的注入会削弱家族对企业的控制，进而损害到家族的社会情感财富。因此，在家族创业者的眼中，控制权往往比短期的经济利益更为重要。这种对控制权的坚守和对家族财富的珍视，构成了家族企业在面对发展机遇时做出独特决策的重要动因。这也是社会情感财富理论的独特之处，即家族决策者并非完全基于经济逻辑做出企业决策。

为了更好地利用和探究理论的适配性，学者们对社会情感财富进行了多维度分类。最初是 Gómez-Mejía 等（2011）基于社会情感财富的来源进行划分的"三分法"（情感、文化价值观和利他主义）。但随着研究的深入，学者们发现这类划分在实际研究过程中过于笼统，也不够完整，不能满足进一步进行家族企业社会情感财富研究的需要。于是 Berrone 等（2012）提出了五维度分类法（家族控制和影响、家族成员对企业的高度认同、密切联系的社会关系、家族成员情感依恋以及代际传承意愿），对社会情感财富进行了更为细致的分类。社会情感财富赋予了家族企业独特的优势，展现出其带来的积极影响。然而，当家族企业过度追求社会情感财富时，社会情感财富会转而带来消极影响。家族的过度封闭会导致外部人才的匮乏，进而制约企业的持续发展。此外，家族成员若过度依赖企业，社会情感财富就有可能转化为情感负担，降低家族的情感价值，并且对企业经济效益产生不利影响，甚至损害非家族成员的利益。中国学者窦军生等（2008）通过深入研究中国家族企业的慈善捐赠行为，为上述观点提供了实证支持。

但仍有不少学者指出其划分存在维度重叠的缺陷，具体表现为家族成员对企业的高度认同与家族成员情感依恋存在部分重叠，家族成员都希望通过家族的良好声誉取得情感需求上的满足。在此基础上，Miller 等提供了更为清晰和理想的划分，即基于企业的短期或长期导向将社会情感财富划分为约束型社会情感财富和延伸型社会情感财富（Miller，Le Breton，2014）。约束型社会情感财富基于短期导向，强调企业对于短期的非经济利益的重视，关注短期家族情感财富的保护，导致家族增强对企业的控制和影响最终以企业长期利益的损失为代价。延伸型社会情感财富基于长期导向，聚焦企业的长期利益，注重维护家族企业的形象和声誉，倾向于通过企业的长远投资促进家族与外部相关者利益的兼容，保持良好的社会关系，从而实现共同获益。社会情感财富理论认为，保有社会情感财富是家族企业区别于其他类型企业在决策制定时的特殊之处。而约束型社会情感财富和延伸型社会情感财富，二者对家族企业的决策制定有着截然相反的作用（朱沆等，2016）。

2. 社会情感财富理论在家族企业中的应用

社会情感财富的不同维度在影响企业决策行为时呈现出差异性。对家族企业来说，积极承担社会责任虽然促使其放弃短期经济利益，但有利于维持与其他利益相关者的合作关系，也有助于积累相关社会资本、储备商誉以及为企业带来良好的形象和声誉（朱丽娜，高皓，2020），体现了家族企业对企业长期发展的侧重，是延伸型社会情感财富作用的体现。

为了解决社会情感财富不同维度的作用差异引起的冲突，有学者在研究中引入混合博弈模型，对一项企业决策可能的收益和损失进行权衡，在这个混合博弈模型下分析家族企业的研发决策（Gómez-Mejía et al.，2014）。基于资源观的家族企业研究认为，家族企业的发展（创新、创业等）离不开企业外部持续不断的人才引进、外部投资者资金等各种资源的支持。研发的成功能够为企业带来长期的竞争优势，增加企业未来发展中的社会情感财富。然而，研发的结果往往伴随着高度的不确定性，使得未来的社会情感财富收益变得不确定且难以预测（Gómez–Mejía et al.，2014）。此外，研发过程需要引入外部的创新人才和相应的经济资源，这不可避免地削弱了家族对企业的控制力，因此由此产生的社会情感财富损失却是确定的。

家族涉入情况反映了家族对企业的控制意愿，是约束型社会情感财富在家族企业中是否发挥决策参照点作用的重要表现。家族企业在引入更多的外部专业人才时，也增强了家族成员与外部专业人员在专业知识和技能方面的不对称，削弱了家族对这些专业部门的控制（陈凌，吴炳德，2014）。在这样的情境下，家族决策者通常会进行权衡。他们可能会更倾向于规避确定的社会情感财富损失，而非追求不确定的潜在收益。因此，在家族涉入情境中，家族企业更容易出于保护家族控制权的目的选择减少研发投入，以维护家族对企业的控制和对社会情感财富的保护。这种决策体现了家族企业在风险与收益之间的谨慎权衡，以及对社会情感财富的高度重视，这样也就进一步强化了代际传承对家族企业风险承担水平的负面影响，也更加难以促使家族企业在代际传承中通过提升风险承担水平来提升家族企业创新水平。

混合博弈模型假定家族企业决策是短期导向的，因此 Miller（2010）进一步划分社会情感财富时强调了短期利益和长期利益的结合，以提升企业绩效。保持家族对企业的控制是约束型社会情感财富的核心维度，这一点在 Berrone 等（2012）和 Luis 等（2007）的研究中得到了验证。在家族企业的管理层中，随着家族成员数量的增加，虽然这有助于更快地形成决策一致，减少决策成本，但同时也降低了从董事会或管理层中获得异质性、多样性决策建议的机会，从而可能形成"家族专权"的现象。当家族企业的决策主要由家族中的个人或小团体做出时，这些决策更容易受到路径依赖的影响（陈志斌等，2017），从而可能产生无法适应外部环境变化的决策风险。此外，决策的有效性在很大程度上取决于决策权与决策知识的匹配度。然而，专业知识和经营诀窍通常分散在各个职能部门的专业人才中，这些隐性知识在组织内部并不容易共享。因此，随着家族企业管理团队中家族成员数量的增加，决策权与决策知识之间的错位匹配风险也在增大，这可能会损害家族企业的决策质量，家族企业的风险承担能力会因此变得更弱。

代际传承对家族企业风险承担水平的负面影响会更为显著，同时也更难通过提升风险承担能力来推动家族企业的创新。因此，在家族企业的管理中，需要找到平衡家族成员参与和引入外部专业意见的方法，以确保决策的质量和有效性。

在中国深受儒家传统文化影响的社会背景下，家族权威与家长式领导备受尊崇（陈凌，吴炳德，2014）。相对而言，延伸型社会情感财富则将焦点投向了企业的世代传承。Miller 等（2014）强调，唯有保障企业的长期生存与持续发展，才能推动延伸型社会情感财富的增值。这种对延伸型社会情感财富的重视，引导家族企业决策者采取长远的视角，展现出更为开放的态度，减少排外心理。在决策时，他们更加注重员工的权益，倾听其他股东的意见，并积极履行社会责任，为当地的发展贡献力量。在中国独特的文化脉络中，子承父业、家业传承以及跨代维持家族控制成为关键的激励因素。这些因素促使决策者采取长期导向的决策，推动企业进行长期战略投资，而非仅仅追求短期利益。这种长期导向使得企业更加关注如何延长其生命周期，稳固市场地位，并为了增强长期核心竞争力和环境适应能力而加大研发投入。同时，企业也倾向于采用并购等外延式发展模式，以实现更广泛的业务布局和更强的市场竞争力。

二、新制度经济学下的制度变迁

（一）制度变迁的发生机制

新制度经济学在现实制度的约束条件下对人、制度、经济行为以及彼此间的关系进行研究，因此客观的现实世界就是新制度经济学的研究重点。人类社会的发展来源于社会对商品和劳务的供给，而制度的有效运行是社会良性运转的关键因素。

相对于人类的行为而言，制度必然是稀缺的。因此，在新制度经济学中，制度的供给影响了制度需求，也进一步造成了制度的稀缺性。制度可以分为正式制度和非正式制度两类。正式制度是指人们有意识地建立而且通过正式形式进行规定的各种制度安排，包括政治制度、经济制度、各种契约制度等。非正式制度主要是指社会风俗、习惯、道德和信仰等。在人们的日常生活中，行为约束更多来自非正式制度，并且相对于正式制度，非正式制度更稳定。

制度变迁指新制度（或新制度结构）产生、替代或改变旧制度的动态过程。作为替代过程，制度变迁是用一种效率更高的制度替代原制度；作为转换过程，制度变迁是一种更有效率的制度的生产过程；作为交换过程，制度变迁是制度的交易过程。制度变迁的条件和成本限制了人们的选择空间，导致现存的制度安排难以达到最优的水准。渐进性制度变迁理论认为，制度形式的变迁和制度结果的变迁都属于制度变迁。在制度变迁中，有的属于制度外在的形式发生变化但制度的结果没有发生变化，有的属于制度结果发生变化而制度形式未变化，有的则属于制度的形式和结果均发生了变化（马得勇，2018）。

在制度变迁过程中，制度均衡是在一定的制度中已经完全取得了所有资源所应该产生的全部潜在利润，当然也包括另一种情况，即潜在利润没有完全获得，但如果想通过改变现有的制度安排获取全部的潜在利润，耗费的成本远大于潜在利润。制度均衡不是永恒的，它仅仅是多种作用在某一时间点上的均衡，总会有外在的事件影响到现存的制度安排。所以道格拉斯·诺思将制度的变迁看作一种周而复始，从制度均衡到制度非均衡再到制度均衡的循环过程。

制度变迁往往始于一个相对僵化的阶段。在这一阶段，占据主导地位的利益集团是唯一的利益代表，其显著特征是它与权力主体共同垄断资源（卢现祥，2003）。为了维持对资源的长期垄断地位，该利益集团会积极寻求权力主体的最大支持。而鉴于该利益集团当前拥有最强的实力，如果进行制度安排上的调整，不仅成本高昂，而且新制度带来的利润也充满不确定性。因此，权力主体在这个阶段倾向于与利益集团合作。在这种情境下，制度变迁所带来的潜在收益远不能抵消其高昂的成本，因此任何形式的创新尝试都显得意义不大。

长期的僵滞阶段导致社会整体也陷入了停滞不前的状态，制度的效益日渐衰减，利益集团与权力主体的收益均开始缩减。此时，制度的存在已无法仅凭其收益来维持。在这种背景下，不同资源要素的相对价格开始发生变动。这一变化为其他利益集团提供了新的获益机会，这些新兴的利益集团开始积极呼吁建立新的制度安排。于是，制度变迁逐渐迈入了创新阶段。在这一阶段，原有利益集团的收益继续下降，而权力主体由于从原利益集团中获得的利益减少，也逐渐减少对它们的依赖。与此同时，不同的利益集团开始进行动态的博弈，随着博弈的不断重复，制度变迁的交易费用逐渐降低，直至一个新的产权形式出现，这标志着制度变迁的进一步深入。

当新利益集团提出的利益超越之前所取得的收益时，权力主体会开始倾向于保护这个新兴利益集团。此时，制度变迁便进入了其最终阶段，即制度均衡阶段。然而，仅仅依赖某一个集团是无法独立完成整个制度变迁过程的。在通常情况下，这个集团会选择与其他集团分享部分利润，携手推动制度变迁的完成。这样，创新集团与这些集团共同形成了一个分享型利益集团。当新的制度以法律形式确立后，旧的制度安排将被新的制度所取代，形成新的制度均衡状态。

　　随着分享型利益集团逐渐转变为独占型利益集团，制度均衡阶段又开始向制度僵滞阶段过渡。因此，制度变迁也就是从一种平衡到另一种平衡的变化过程（青木昌彦，周黎安，2001）。我们可以将制度变迁理解为"均衡—不均衡—均衡"的动态循环过程，如图3.1所示。

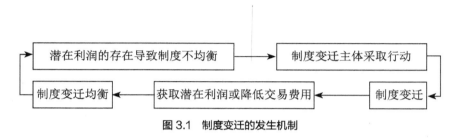

图 3.1　制度变迁的发生机制

　　制度变迁就是这样一个不断迭代、螺旋上升的过程，虽然每个周期的阶段相同，但每次循环中的具体内容却各不相同。正是在这样的循环中，社会经济才得以不断发展。

　　随着制度的持续演变，家族企业所面临的行业架构与竞争态势正经历着深刻变革。在全球化浪潮下，家族企业运营环境的动态性显著增强，尤其在与实力雄厚的国外对手竞争时，部分家族企业在资源、规模和市场等方面均显劣势，其竞争优势的可持续性明显减弱。在制度、行业结构与企业竞争态势发生剧变的今天，制度变迁已成为决定家族企业命运的关键因素。尽管越来越多的学者开始认识到制度变迁对家族企业成长绩效的重要性，但关于其影响程度、方向及机制仍众说纷纭，现有的研究对此也给出了两种截然不同的解释。

　　一方面，由于制度存在不完善之处，家族企业能够借助家族的金融和人力资本优势，以较低成本获取稀缺资源。家族成员的参与使经营权与所有权实现统一，从而提供了强大的激励，有效降低了代理成本。因此，部分学者认为制度的不完善正是家族企业发展和繁荣的重要推动力（Goldman，

2006）。同时，在市场机制失灵的情况下，家族企业可以依托"家族系统"获得成长所需的金融资本、人力资本，或通过建立政治关联来获取稀缺资源，发掘新的商业机遇（邓建平，曾勇，2009）。这些因素共同提升了家族企业的成长绩效。

另一方面，随着制度的日益完善，产权制度的明确以及职业经理人市场和金融市场的发展，家族企业的竞争优势可能会受到一定影响。例如，出于情感因素的考量，家族企业可能仍会保留一些能力不足的家族成员在高位，并不轻易将权力下放给职业经理人。这种做法不仅可能增加企业的代理成本，还可能削弱其竞争优势。然而，行业壁垒的消除和相关公平政策的出台为家族企业提供了更多获取资源的途径，减少了对家族资源的依赖。同时，产权的明晰加强了对私有产权的保护，使家族企业得以合法进入以前受行政管制或垄断的行业，进而实现多元化发展。因此，也有学者认为，制度的完善是家族企业发展和繁荣的关键因素（Fan et al.，2014）。

从上述分析中可以看出，制度变迁对家族企业成长绩效的影响相当复杂。制度的逐步完善既为家族企业带来了正面效应，也伴随着一定的负面作用。因此，不能简单地对制度变迁为家族企业带来的影响进行片面的评价，其实际影响结果需要得到综合考量。

（二）制度变迁的第二形态——模糊性制度变迁

以罗纳德·科斯、道格拉斯·诺思等人为代表的新制度经济学派对制度变迁在"需求—供给"框架下运用新古典经济学的逻辑和方法展开研究。科斯的《企业的性质》和《社会成本问题》，明确了制度变迁的理论模型；奥利弗·威廉森通过《资本主义的经济制度》对制度变迁的成本进行了深入分析；哈罗德·德姆塞茨在《企业经济中的社会责任》中分析了公有产权界定形式下的制度变迁；诺思在《经济史中的结构和变迁》中特别强调制度变迁中的产权、国家和意识形态三者的作用；戴维·菲尼进一步提出了分析制度变迁的启发式框架。该学派还分析了两种制度变迁方式或性质，即诱致性制度变迁和强制性制度变迁。其中强制性制度变迁往往是由政府的强制作用导致的，而诱致性制度变迁的来源是个人或集体的行动。企业的领导者是制度供给的决定者。企业中代际传承的产生意味着领导者发生变化，以企业领导者为核心构建的整个制度环境也将发生改变，参与人决策规则等会发生变化，当制度环境的变化达到一定的限度时就会发生诱致性制度变迁（North，2013），因此，代际传承往往会使企业制度发生较大的变化，以企业领导者为源头发生制度变迁，也是制度化领导力发生变化的基础。国内学者如林毅夫（1999）在《中国的奇迹：发展战略与经济改革》中也运用同样的理论框架把制度变迁划分为上述两种；李乾亨和杨瑞龙（1987）在《社会主义经济体制改革的理论与实践》中新增了一种为"中间扩散性"制度变迁。

笔者更赞同李乾亨和杨瑞龙的看法，他们将现实中的中国家族企业制度变迁分为两种形态：第一种形态包括常规的诱致性和强制性制度变迁；第二种形态为模糊性制度变迁。现实中家族企业的制度变迁是一个制度的帕累托改进过程（王明琳，何圣东，2003），制度变迁过程中不同利益主体产生的成本和收益是不同的，利益协调不一致会导致家族企业组织内部诱致性制度变迁成为泡影；而政府强制力缺乏合理而有效的介入途径，强制性制度变迁也无法实施。在谈判达不成一致同意的情况下，在企业内部，企业主会凭借个人权威，通过强制手段继续推动制度变迁进程，从而使这类制度变迁不满足诱致性制度变迁和强制性制度变迁的非黑即白的二元思维，更多体现为中间分布模式，即模糊性制度变迁。强制性制度变迁和诱致性制度变迁只是这种分布模式的两个端点。

模糊性制度变迁除具备一般制度变迁共有的特征，如对制度不均衡的反应，还遵循成本收益比较原则，其包括两种表现形式：制度演变和制度改革。前者是制度量的改变，通过自身内在机制不断演进和改良，逐步走向优化；后者是新的制度形式对旧的制度形式的替代（代晓茜，王朝全，2006）。因此，它结合了前两种典型制度变迁模式的优势，但在变迁的主体、动因、途径等方面存在以下一系列的差异，如表 3.1 所示。

表 3.1　三种制度变迁模式比较

比较项目	诱致性制度变迁	强制性制度变迁	模糊性制度变迁
主体	企业	政府	企业
动因	潜在利润	对现有利益的重新分配	潜在利润
途径	在自愿协商基础上，自发组织、实施	强制执行	自愿、强制相结合
利益分配格局	帕累托改进	非帕累托改进	非帕累托改进
成本	消除阻力费用，谈判成本，规划设计、组织实施费用	维持和强制实施费用	谈判、强制实施费用
优势	在一致同意基础上，企业主会自愿参与并保证顺利进行	可以获得规模经济，降低实施成本、摩擦成本	企业主权威能加快变迁速度，缩短变迁时间
劣势	"搭便车"现象，外部效应	政府决策有限理性，集团利益存在冲突，科学知识存在局限	作用范围有限，受企业主有限理性和学习能力制约

资料来源：作者整理。

三、非均衡控制权配置下的制度变迁

制度变迁是变迁需求与变迁供给综合作用下的一个动态、连续的发展过程。由于资本存量、人事变动、产品市场、技术更新、文化战略的性质，以及企业规模不断变化，经济制度效率状态存在相对性，没有恒定的制度最优状态。制度的不稳定性要求企业在动态中追求制度最优。因此，企业制度变迁是一个制度比较、择优的竞争过程。制度非均衡是制度变迁的诱致因素，而制度变迁又是对制度非均衡的一种反应，促使制度重新回到均衡状态。

家族企业制度变迁是为了获取金融资本、人力资本、技术等外部资源，节约交易成本，实现规模经济，规避风险。这个过程涉及产权、人力资源、决策机制、管理体制、企业文化等一系列方面（方晓军，王长斌，2004）。对制度变迁带来的转换成本与实施新制度后企业的预期收益进行比较，比较结果可被用于衡量实施制度变迁的必要性和变迁模式的选择。但是制度变迁并非只有在原制度收益为负的情况下才会发生，只要新制度安排的净收益超过了原有制度安排的净收益（郑文哲，2003），即新制度的初始必要条件是贴现的预期收益超过预期成本，获得现有制度安排下无法实现的潜在利润，同时制度变迁供给主体有变迁制度的能力时，制度变迁就可能发生了。潜在利润本质上是由企业内部要素控制权分配不均衡所带来的与企业利润最大化之间的差额所诱致，制度变迁的函数可以表示为：

$$制度变迁 = f（利润_{max} - 现有控制权分享带来的利润，x_1, x_2, x_3, x_4, \cdots）$$

$$（3.1）$$

其中，制度变迁受多个因素 x_1, x_2, x_3, x_4……影响，尤其以因控制权分配不均衡带来的利润差额为主。f 为制度变迁的作用函数，作用力大小与利润差额额度成正比。

企业以追求利润最大化为目的，必然期望获得最大的潜在利润，这诱致了制度变迁。新的制度安排应当有益于实现潜在的规模经济，降低信息成本，分散风险以及把外部效果内部化。本书分别从委托—代理理论和飞雁模式出发，从分析制度运行的收益、成本以及风险入手，来比较制度变迁选择的效益。

（一）委托—代理理论解释

企业从外部引入社会人力资本，希望其按照家族企业的利益选择行动，但委托人无法直接观测到代理人选择的行动，能观测到的只是一些由代理人的行动和其他的外生的随机因素共同决定的变量，即代理人的不完全信息。因此，代理问题产生的原因主要是，委托人和代理人之间的激励不相容、信息不对称、契约不完全等，使得代理人既有动机又有条件损害委托人利益，从而增加代理成本，减少代理收益。

如图 3.2 所示，假设代理成本和代理收益的计量单位相等，M_1 为呈 45° 的企业治理模式变更线，曲线 N 为家族企业治理模式选择，两线在 A_1 相交，此时，$Y_1 = X_1$。

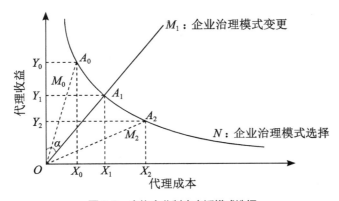

图 3.2 家族企业制度变迁模式选择

（1）当代理收益大于代理成本时，如图 A_0 点（$Y_0 > X_0$）所示，企业治理模式曲线为 M_0，曲线斜率 $k = \tan\alpha = \dfrac{Y_0}{X_0} > 1$，即企业制度变迁过程所带来的代理收益足以弥补代理成本的损失，企业会向现代家族企业模式进行演变。

（2）当代理收益小于代理成本时，如图 A_2 点 $(Y_2 < X_2)$ 所示，企业治理模式曲线为 M_2，曲线斜率 $k = \tan\alpha = \dfrac{Y_2}{X_2} < 1$，即企业选择企业制度改革会带来更大的代理成本支出，因此家族企业可选择继续保持现有的配套企业制度。即使家族企业领导人有进行企业制度变迁的愿望，如条件不具备强行实施，家族企业终究会回到原来的路径。

（3）代理成本等于代理收益时，如图 A_1 点 $(Y_1 = X_1)$ 所示，企业治理模式曲线为 M_1，曲线斜率 $k = \tan\alpha = \dfrac{Y_1}{X_1} = 1$，企业治理模式的代理收益等于代理成本。在这种情况下，出于家族利益的考虑，家族企业仍会选择两权合一的企业制度。

需要指出的是，家族企业委托—代理的成本与收益总是处于一个动态的变化之中，而且企业的发展是一个长期的过程，因此委托—代理理论只能描述家族企业的制度变迁倾向，从而决定了其选择倾向是一条曲线而非一个点。

（二）飞雁模式解释

飞雁模式（Flying Geese Theory）是关于地区间经济传递和产业周期演变的一种理论，最先由赤松要（Akamatsu Kaname）于 20 世纪 30 年代后期提出，他为企业制度变迁提供了一个分析模型。赤松要基于日本纺织业的发展经验，从如何通过参与国际分工来推动自身产业结构高度化的角度提出：后进国家可以遵循"进口—国内生产—出口扩大生产"的模式相继更替发展，促进产业实现结构高度化。这种模式如同三只飞翔的大雁，并由此而得名。

飞雁模式继承了梯度发展的"累积效应",认为在市场力的作用下,受资本收益率的驱动,投资者会优先选择利润率高的地区(郭金喜,2005)。在此基础上,飞雁模式把"累积效应"进一步动态化,认为地区经济的这一极化和扩散过程是与产品周期乃至产业周期紧密相连的。同时,该模式打破了传统"梯度最小律"原则的局限性。飞雁模式认为地区间的产品和产业传递并不一定按照"高梯度发达地区—中梯度萧条地区—低梯度落后地区"的顺序进行,而是具有"蛙跃式"特点,认为在市场力的作用下容易产生资本的积聚与集中,而资本积聚和集中带来的规模效应促使企业制度均衡,当这一过程达到一定临界点,在过度竞争的压力下,利润的不均衡导致制度变迁,出现产业外迁,形成企业组织的重组和经济重心的转移,企业重新寻求发展。当企业条件再次成熟,又会出现新一轮的制度变迁,形成循环过程。

如图 3.3 所示,在坐标系中,TR 表示企业采用不同制度时的收益,TC_i 表示 i 制度($i=1$, 2)下企业的成本,NR_i 为新制度安排 i 的净收益函数,q_i 为在制度 i 下不同时期的产出规模。$\pi = NR_2 - NR_1$,π 表示企业从制度 1 向制度 2 演化的收益值,π 值越大,制度变迁的作用力 f 就越强,反之越弱。制度 2 的起点产出规模 q_2 小于制度 1 的最大产出规模 $q_1^{\max}$,两种制度有 $[q_2, q_1^{\max}]$ 的重叠,并在区间内 q_1^e 点相交,$q_2 < q_1^e < q_1^{\max}$。在 q_1^e,$NR_1 = NR_2$,那么 $\pi = 0$,即企业维持现有制度 1 或变迁为制度 2 利润都为 0,处于制度变迁的临界状态。在这种情况下,大多数家族企业更多的是规避风险选择现有制度 1。当产出规模 $q > q_1^e$ 时,$\pi > 0$,企业有变迁的动力选择制度 2;当 $q \leqslant q_1^e$ 时,$\pi \leqslant 0$,企业继续保留原有的制度 1。因此,企业制度变迁的实施必须满足以下条件:

$$\begin{cases} q_2 < q_1^e < q_1^{\max} \\ \pi > 0 \end{cases} \tag{3.2}$$

也就是只有当两种制度在产量适用范围上存在重叠，并在此区间内，制度变迁的预期收益为正时，在利润的驱动下，企业制度变迁才能真正发生（郭金喜，2005）。

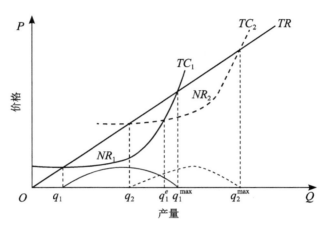

图 3.3　飞雁模式解释下的家族企业制度变迁

越来越多的家族企业意识到制度变迁的必然性，在此基础上进行了制度变迁的尝试。有的企业变革成功，顺利地建立了两权分离的现代企业制度；可更常见的情况是，企业的规模收益不足以抵消新制度的运行成本，制度变迁最终以失败告终。在失败后，一些企业不得不重新采用原有的制度。问题的核心在于，企业的规模效应是否与新的制度安排相匹配，即企业是否能够承担制度变迁的成本。从理论模型来看，当企业规模达到一定水平时，推动制度变迁并建立现代企业制度是自然而然的。然而，影响企业制度成本的因素是多方面的，不仅包括企业自身，还包括作为制度变迁外生变量的制度环境。因此，可以说，在不同成长环境下，不同行业企业的规模对应的制度结构安排是不同的。对于成功变革的企业，它们的变迁过程应该符合图 3.3，即企业规模与新制度相匹配，企业的规模效应足以弥补新制度的运行成本。然而，现行法律、法规的不完善，例如对私有产权的保护力度不足，增加了企业的交易费用，以及与家族企业制度变迁密切相关的职业经理人市场、资本市场的不成熟，增加了企业的代理成本和融资成本，增加了企业变革的风险（代晓茜，王朝全，2006）。

　　如图 3.4 所示，制度变迁条件的不成熟会使企业变迁成本从 TC_1 上升到 TC_2，同时企业当前的规模已经使旧的制度失去效率，虽然两者的净收益曲线也相交于 q_1^e 点，但在该点，两种制度所带来的收益都小于 0，即在 $[q_1^{max}$, $q_2]$ 产生了利润持续小于 0 的空间，此时，旧制度无法创造利润，实行新制度却成本巨大。在这样的情况下，勉强进行制度变迁必然导致企业受损，企业从制度 1 自然过渡到制度 2 的概率几乎没有，这也是一些企业无法实施变革的原因。由市场发育程度、信用和产权等外在力量决定的制度变迁成本对企业制度改革有着巨大影响。这些成本不仅仅是对制度的侵蚀力量，而且它们的高低在很大程度上决定了制度变迁的成功与否。成本越高，企业进行制度变迁的难度就越大，因此很多企业宁愿保持现有的制度安排，也不愿意冒险进行变革，这就造成了"锁定"在原有制度安排中的现象。

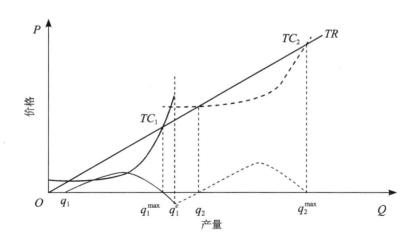

图 3.4　飞雁模式对制度变迁失败的解释

四、本章小结

控制权对家族企业的重要性不言而喻，现有文献对家族企业制度变迁采用了不同的理论进行探讨，本章也基于不同的视角和理论背景引出了对家族企业制度变迁研究的不同方向和研究结论。

基于此，本章从家族企业制度变迁过程中的理论应用出发，梳理了代理理论和社会情感财富理论在家族企业中的研究，分析所有者和管理者、控股股东和中小股东之间的代理问题、社会情感财富理论中的不同维度在家族企业制度变迁中的具体研究。基于这些理论知识储备，本书尝试从新制度经济学的理论视角来探讨家族企业制度变迁的形态以及非均衡控制权配置下制度变迁的理论解释。在识别、明确本书理论对话点的基础上，本章通过委托—代理理论和飞雁模式探讨了家族企业控制权在不同配置下的制度变迁，以进一步指导后续的研究设计。

CHAPTER 4

第四章　家族企业制度变迁中的控制权配置

一、家族企业系统中的差序格局

（一）中国传统文化中的差序格局

费孝通先生于 1947 年基于其对中国乡土社会的田野调查，首次提出了中国社会关系的差序格局理论。这一理论阐述了中国传统社会中人际关系的结构，认为个体以自我为中心，与他人的关系根据亲疏和等级而有所不同。这与西方强调团体成员平等的"团体格局"形成鲜明对比。在西方个人主义文化中，团体成员之间应享有平等地位，个体与团体的权利互不侵犯。相反，在中国传统社会里，个人的身份和地位受到血缘和地缘等因素的限制，难以实现真正的平等。在这种差序格局下，个人并非独立完整的实体，而是与家族和家庭关系密切相连的存在，因此个体的平等观念和地位很难得到认可和重视。在中国社会中，人际关系的本质是一种先天赋予的联系，这种联系以个体自身作为价值判断的核心。它基于"熟人社会"的概念，强调与熟知的人之间的联系和互信。这样的人际网络具有明显的特征——对内部熟人的包容性以及对外部陌生人的排斥性，从而逐步塑造出一个层次分明且稳固的社会结构。

在差序格局的顺序中,与每个人最切身、最重要的是"自己"的利益,其次是"家庭成员",最后是按照血缘和亲缘关系逐渐向外延扩展,如图 4.1 所示。"自己"为家族企业主本人,以"自己"为中心,根据关系的亲疏远近,一张差序的关系网形成了。与家族企业主关系最近的为其"家庭成员",包括家族企业主的父母、配偶和子女;其次是"近亲",主要为兄弟姐妹;再次为"远亲",包括岳父母、叔伯姨姑舅、堂表兄弟姐妹、配偶的兄弟姐妹、侄子侄女、外甥外甥女等远亲;核心家族成员、近亲、远亲均是基于血缘和姻缘关系的远近来判定的,此外,与家族企业主具有地缘、学缘、业缘等关系的如老乡、同学、师兄弟和同事等泛家族成员也进入差序格局,因此远亲再往外推就是"泛家族成员";泛家族成员再外推就是基于人情原则的"熟人";熟人之外便是"陌生人"。

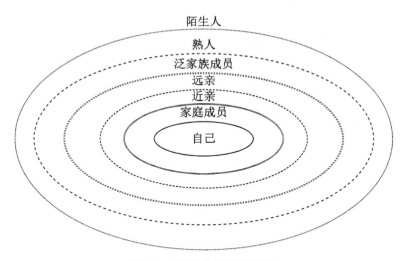

图 4.1　中国社会的差序格局图

现阶段,差序格局的研究主要聚焦于传统的乡土观念在现代社会中的演变。马戎(2007)通过对比中西方在文化、宗教、价值观念及行为规范方面的差异,深入剖析了中国传统观念与差序格局对现代生活各领域的潜在影响。柴玲和包智明（2010）则提出，差序格局的核心在于父系血缘关系，而现代中国乡土社会的差序格局则是由伦理、感情和利益三个维度共同构成的。此外，还有一些研究探讨了差序格局对慈善、社会责任及社会公益活动的影响。王建民等（2016）结合时事热点，比较了微信圈子、现代交往圈子与差序格局的异同。陈婉婷和罗牧原（2015）则从信仰的角度出发，揭示了现代差序格局中情感逐渐减少、功利性逐渐增强的趋势。胡宁（2016）则通过对上市家族企业的分析，展现了"父爱情怀"对差序格局和利他主义理解的深化。总的来说，部分研究致力于差序格局概念的发展，而更多的研究则是在差序格局的背景下，探究社会公益活动中的社会关系，以此增进对差序格局及中国社会的全面理解。

（二）差序格局与家族资源配置

家族内部的差序格局与家族企业内部的差序格局相互交织，使得原本在家族中基于"关系"的差序格局原则也渗透到了家族企业的运营之中。在家族企业的差序式治理中，用人原则深受血缘、亲缘、地缘、学缘、友缘等关系的影响，尤其重要职位的任免，更是严格遵循"差序格局"的原则。因此，家族企业主在家族企业中处于中心地位，其关系差序格局决定了家族股东的选择、家族管理者的选拔以及家族权力的配置。这种配置方式以"亲缘关系"为基础，与家族企业主关系越紧密的家族成员，其利益关联越深，受到信任的程度越高，被授予的权力也越大，这就形成了家族企业控制权特有的关系型配置。

在家族企业的运作中，关系格局的核心始终围绕着家族企业主而构建。那些与家族企业主具有血缘或姻缘关系的家族成员，被亲切地称为"自家人"，其中包括了企业主的家庭成员、近亲以及远亲。这些"自家人"之间由于血缘和姻缘关系的亲疏不同，自然形成了一种差序性的关系结构。最初，"自己人"的概念就是指"自家人"。当用"自家人"来界定"自己人"的边界时，这种身份的心理成分就不可避免地受到亲缘关系的深刻影响。然而，在家族企业中，还有一些成员，如家族企业主的泛家族成员或忠诚员工，他们因为与家族企业主交往密切，逐渐赢得了企业主的深厚信任。尽管他们与家族企业主之间并不具备血缘关系，但家族企业主对他们的信任度达到了很高的水平。

因此，"自己人"的概念逐渐从"自家人"中独立出来，专指那些在家族企业主心理上认同、情感上亲近，并与家族企业主相互自愿负有义务和相互信任的人（杨宜音，1999）。这就意味着，"自家人"可以成为"自己人"，但"自己人"并不一定都是"自家人"。在家族企业的关系网络中，从"自己人"再向外扩展，就是所谓的"外人"。在中国社会中，"外人"是一个具有独特意义的社会学和心理学概念。从心理学的角度看，"自己人"与"外人"形成了鲜明的对比（张强，2003）。值得注意的是，当家族企业主对某个"自己人"失去信任或发生利益冲突时，这位"自己人"也有可能转变为"外人"。这种身份的转变，进一步揭示了家族企业中关系格局的复杂性和动态性。

三环模型指由企业、所有权和家族构成的三个独立又相互交叉的家族企业系统。这一概念最早由盖尔西克等（1998）在《家族企业的繁衍》一书中加以系统阐述，并利用三个环把它表现出来的，如图4.2A所示。家族企业中的不同角色都可以在7个区域中找到自身位置。三环模型以其严密的理论框架和实践应用的高效性而受到重视。该模型清晰界定了在家族企业中，个人与组织应承担的责任和权力覆盖范围。随着家族企业经历的发展阶段的不同，这三个维度也会展现出各自独特的成长特点。

在企业的早期阶段，依靠家族或类似关系网络（比如校友、友人）提供的资金、人力资源和社会资本，创业者通常会亲自参与经营，身兼所有者和管理者的角色，此时家族、经营权和所有权三个层面高度融合。随着企业度过创业初期的高风险阶段，进入成长期，外部顾问、不属于创业家族的职业管理人员和投资者开始介入公司的日常运营和管理。这时，所有权和经营权开始分离，但创业者通常还通过持有关键股份和 / 或管理职位来保持对企业的控制。达到成熟阶段的企业必须平衡集中与分权的关系。一方面，这个阶段的创业者或其后代需要专注于引领企业的未来方向和进行长期规划，将日常经营交给专业的管理团队。另一方面，他们需警惕组织内部可能出现的权力失控风险。家族利益和企业利益的相互交织是企业保持竞争力的关键，但家族企业的衰败往往源于家族系统本身。面对变革，特别是在权力交接时期，企业尤为脆弱，家族内部的纷争和矛盾可能成为威胁企业生存的主要障碍。

在家族企业治理过程中，家族企业本身的复杂性要求对家族成员和家族企业中涉及的不同角色进行区分，并平衡好各个角色的不同利益诉求。唐潇潇（2021）在家族企业治理传统三环模型的基础上，将"控制权"作为第四环单独考虑，形成"四环模型"（见图 4.2B），进一步明确和细分了家族企业治理中可能涉及的角色，助力企业家完善家族企业治理，实现家业长青。表 4.1 体现了三环模型与四环模型的异同。

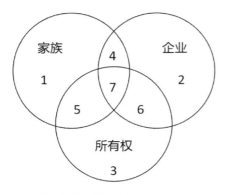

图 4.2A　家族企业三环模型　　　图 4.2B　家族企业四环模型

资料来源：盖尔西克等（1998），唐潇潇（2021）。

表 4.1　家族企业三环模型和四环模型的划分和区块界定

区块	三环模型	四环模型
1 区	家族成员，不在企业工作，无股份	家族成员，在企业工作，有股份，有控制权
2 区	非家族成员，在企业工作，无股份	家族成员，在企业工作，无股份，无控制权
3 区	非家族成员，不在企业工作，有股份	家族成员，在企业工作，无股份，有控制权
4 区	家族成员，在企业工作，无股份	家族成员，在企业工作，有股份，无控制权
5 区	家族成员，不在企业工作，有股份	家族成员，不在企业工作，无股份，有控制权
6 区	非家族成员，在企业工作，有股份	非家族成员，在企业工作，无股份，有控制权
7 区	家族成员，在企业工作，有股份	家族成员，不在企业工作，有股份，无控制权
8 区		非家族成员，在企业工作，有股份，无控制权
9 区		家族成员，不在企业工作，无股份，无控制权
10 区		非家族成员，在企业工作，无股份，无控制权
11 区		非家族成员，不在企业工作，有股份，无控制权
12 区		非家族成员，不在企业工作，无股份，有控制权

　　根据图 4.2A 和 4.2B，家族企业中家族系统和企业系统存在重合，家族系统内部关系的差序格局与家族企业内部关系的差序格局交叉部分面积越大，即三环模型中 4 和 7 的面积或四环模型中 1、2、3、4 的面积越大，表

明家族企业中家族化程度越高。家族企业在创业之初，其家族系统的差序格局几乎包含了整个家族企业系统的差序格局；随着家族企业的发展壮大，家族企业的差序格局逐渐与家族系统的差序格局发生偏离，偏离程度越高，家族企业的家族化程度越低。

家族企业主在家族企业控制权配置中扮演着"家长"的角色，拥有无可置疑的权威。他们不仅是家族企业的核心领导者，更是管理金字塔的顶尖存在，其地位崇高，权力至高无上，堪称家族企业的精神支柱。家族企业主负责组织和引领家族成员共同参与生产经营活动，同时肩负着协调和管理家族成员间关系的重任。此外，他们还是家族企业资源的调配者，负责统筹和分配企业内部的各类资源，确保家族企业的顺利运营和持续发展。

家族企业控制权的配置，基于由关系亲疏远近而形成的差序格局。陈建林（2011）的研究表明，中国家族企业多采取差序式治理的用人策略。这种做法既有助于企业深入了解潜在人选，从而筛选出合适的管理者，降低逆向选择的风险；同时，差序式治理也能提升管理者的忠诚度，减少其机会主义行为。在家族企业中，企业主根据关系的亲疏远近来配置控制权，形成了从"企业主自身"到"核心家庭成员"，再到"近亲""远亲"以及其他"自己人"的差序配置格局。通常，与家族企业主亲缘关系越近的人，所被授予的权力也越大。这种配置方式体现了家族企业内部权力结构的独特性和复杂性。

家族企业关系型控制权配置具备灵活性，能够随着关系格局的变动而调整。这种差序格局既可以向外扩展，也可以向内收缩，因此家族企业的控制权配置也会根据关系的扩展或收缩而动态调整。例如，在家族企业初创阶段，出于可靠性考量，家族企业主通常会将控制权赋予与自己关系紧密的家族成员，如核心家庭成员，夫妻共同控制成为常见的控制权配置方式。随着企业的不断成长与扩张，更多的家族成员加入，包括近亲和远亲，这些成员的加入使得差序格局逐渐扩大，从而带动家族企业关系型控制权配置的相应变动。

二、家族企业控制权的配置机理分析

（一）家族企业关系股权的配置机理

1. 家族股东选择

在家族内部关系的差序格局影响下，家族企业主在选择家族股东时，首先考量的是与家族成员之间的亲疏关系。那些与家族企业主亲缘关系越紧密的家族成员，成为家族企业股东的可能性也就越大。常见的情况是，父子、夫妻、兄弟姐妹等家庭成员或近亲会入股合作，共同经营家族企业。

家族股东规模的确定不仅受到家族企业主所在家族大小的影响，还受到家族成员间交往频繁程度等因素的制约。中国的亲属圈子具有极大的伸缩性，最小可以仅为核心家庭，也可以沿着亲缘关系无限扩大。因此，家族企业主所在的家族规模越大，潜在的家族股东人数就可能越多。同时，与家族企业主核心家庭交往密切的亲属，通过增进相互了解和互信，更容易成为家族企业主的紧密合作伙伴。

此外，随着现代社会的发展，泛家族成员也逐渐融入家族企业的差序格局。创业者因地缘、学缘、业缘等关系而合作经营的情况日益增多，老乡、校友、同事、同学等共同创业的现象屡见不鲜。然而，值得注意的是，由于泛家族成员股东之间缺乏亲缘关系的纽带，他们之间的关系更多是基于工具性目的而建立的。一旦面临利益分歧，这种关系更容易出现裂痕，甚至导致股东之间的分裂。因此，在家族企业中平衡亲缘关系和工具性关系，确保企业的稳定和持续发展，成为家族企业主面临的重要挑战。

2. 家族企业控股模式选择

家族企业通常采用两种主要的家族控股模式：直接控股和金字塔结构控股。在直接控股模式中，家族股东的投票权与现金流权保持一致。也就是说，要想在家族企业中获得一定比例的投票权，家族股东必须相应地投入相同比例的现金流。而在金字塔结构控股模式下，家族股东的投票权与现金流权并不对等。相较于直接控股，家族股东在金字塔结构控股模式下能够以较少的现金流获得相同比例的投票权，从而减轻了家族股东的资金负担。这种控股模式有助于提升家族企业在资金方面的灵活性，减少资金压力。

虽然金字塔结构控股模式能够帮助家族股东在获得相同投票权时减少资金支出，但它也伴随着一些代理问题。在家族股东直接控股模式下，投票权与现金流权保持一致，因此家族股东之间的利益侵害动机相对较小。然而，在金字塔结构控股模式中，家族成员在家族企业的持股方式上出现了差异。如果所有家族成员都通过间接方式持股，那么他们的个人投票权与现金流权可能会产生偏离。在某些家族企业中，家族控股人通常通过间接方式控制家族企业，导致其投票权与现金流权发生偏离；而家族小股东则是直接持股，其投票权与现金流权保持一致。在这种情况下，如果家族控股人存在自私动机，他们可能会更倾向于侵占家族小股东的利益。

不过，值得注意的是，家族股东之间毕竟存在亲缘关系这一纽带。在亲缘关系的非正式契约性约束下，家族股东之间的机会主义行为往往会得到一定的抑制。特别是在核心家庭的家族股东之间，由于关系更为紧密，侵害行为相对较少。这种亲缘关系的存在，在一定程度上有助于维护家族企业的稳定和和谐。

3. 家族企业股权分配模式

在中国，家族股东的股权分配通常表现出两种趋势。首先，在传统家族集权文化的影响下，股份往往集中于企业的核心家族成员手中，而其他家族成员则只持有相对较少的股份。在这种模式下，股权分配呈现出高度集中且等级分明的特点。这样的股权结构在中国的家族企业中较为常见。

其次，还存在一种较为均衡的分配模式。这种模式通常见于兄弟姐妹股东之间，有时也出现在以核心家庭为主要股东的上市公司中。这可能与中国传统文化的强调和儒家思想有关：后者提倡"重义轻利"，导致企业主对个人利益的追求受到一定限制；前者强调家庭团结，中国传统的继承习惯倾向于平均分配财产给子女，以避免家庭分裂，从而在股权分配上形成了一种平等的趋势。虽然这种平等的股权分配在初期可能让家族成员感到公平，但它也可能为将来家族企业的权利争夺埋下隐患。控制权是基于物质资本的，而平等的股权意味着平等的控制权。当家族成员对企业的经营方向产生分歧时，这种平等的股权结构可能会成为权利斗争的触发点。

（二）家族企业关系型控制权动态配置机理分析

1. 控制权动态配置的诱因

（1）家族企业发展需要

家族企业随着其规模的壮大，其关系型控制权配置也会进行相应的动态调整。企业规模扩大，对人力资本的需求也日渐增长，这导致家族企业内部的关系网络逐渐扩展，以企业主为核心，向外辐射。原先的远亲和泛家族成员等也逐步参与企业的控制权配置，这使得家族企业的控制权模式从单一企业主控制转变为多名、多代家族成员共同参与。

家族企业在其初始状态时由创始人独自经营，并掌握着所有的决策权和控制权。随着业务的发展和市场的扩大，企业逐渐需要更多的专业人才来支持其运营，这使得创始人开始吸纳更多的家族成员和远亲参与企业经营。在这个过程中，家族企业的控制权配置发生了动态调整。原先只有创始人一人掌握决策权，而现在其子女、侄子侄女等家族成员也开始参与企业的日常管理和决策，逐渐获得了部分控制权。同时，一些远亲和泛家族成员，虽然可能不直接参与企业的日常管理，但也通过持有股份等方式间接影响着企业的决策。

这种调整不仅缓解了企业对人力资本的需求压力，也使得家族企业能够利用更广泛的社会关系网络来获取资源和信息，进一步推动企业的发展。同时，多名、多代家族成员共同控制的模式也有助于增强企业的稳定性和凝聚力，使得家族企业能够在激烈的市场竞争中保持优势。

（2）代际传承的需要

家族企业控制权的代际传承是控制权配置调整中的核心环节。在这一过程中，家族企业主的后代可以通过股权继承、管理权继承或两者并行的方式进入企业。然而，代际传承往往伴随着家族股权的代际分散和管理权威的逐渐弱化。若未能在代际传承的关键时刻妥善配置家族控制权，则可能引发家族成员间关于控制权的争夺，这对家族企业的长期稳定发展极为不利。因此，在代际传承过程中，合理规划和配置家族控制权显得尤为重要。

在代际传承中，股权通常会从上一代企业主逐渐转移到下一代接班人手中。这种转移可能是逐步的，也可能在某个特定的时间点一次性完成。股权的转移不仅代表着财务利益的重新分配，更象征着企业控制权的转移。同时，也包括了企业决策权、人事任免权等。管理权的转移需要确保接班人具备足够的能力和经验，以维持企业的稳定运营和发展。家族企业的控制权传承不仅仅是物质层面的传承，更重要的是精神层面的传承。在代际传承中，企业内部的家族价值观、企业文化等是维系企业长期稳定发展的基石，对于保持企业的凝聚力和竞争力至关重要。

在代际传承中，控制权的变化是一个多维度、复杂而敏感的过程。它需要家族成员之间的深入沟通、合作和共同努力，以确保传承的顺利进行和企业的稳定发展。同时，我们也需要考虑到外部环境的变化和利益相关者的利益，以确保企业的长远利益得到保障。

（3）家族内部冲突导致

随着家族企业中家族股东和管理者数量的增加，家族成员与家族企业主之间的关系逐渐由近及远，这使得家族成员内部的目标和利益分歧更易于显现。若家族成员间的矛盾冲突，特别是与家族企业主之间的冲突，未能通过家族内部的利益协调机制得到有效缓解，这些家族成员就会失去家族企业主的信任，双方关系便很可能破裂，这些家族成员很有可能会被排除出核心管理团队。

失去家族企业主信任的家族成员可能会被排除出核心圈子，造成家族内部出现虽为"自家人"却不被视为"自己人"的现象。这些关系破裂后的家族成员，尽管与家族企业主仍有亲缘关系，但已不再构成利益共同体或属于行动一致者，两者之间不再存有信任。因此，家族企业主可能会采取收回控制权、调整股权结构等措施来维护企业的稳定和发展。这一系列变化会导致家族内部的控制权配置发生调整。因此，家族企业在代际传承过程中需要建立有效的利益协调机制，以应对可能出现的家族成员之间的矛盾和冲突。

（4）家族成员自愿退出引起

在家族企业中，部分家族成员可能会因年龄增长、身体状况变化等个人原因，自愿选择退出企业的日常经营管理，这一变化将促使家族企业在管理权上进行相应的配置调整。另外，对于那些拥有众多子女的家族企业主而言，他的一些后代可能对家族所从事的产业并不感兴趣，他们可能选择将从父辈那里继承的股份转让给其他家族成员，从而退出家族企业的运营，这会导致家族股权结构发生变动。

实际上，家族企业中关系型控制权的配置变动往往受多种因素影响，背后的原因可能更为复杂多样。但无论如何，这种配置的调整总是紧密围绕着家族企业主的关系差序格局进行的。正所谓"成也关系，败也关系"，家族成员之间的关系在家族企业内部控制权配置中起着至关重要的作用。这种关系不仅影响着权力的分配和行使，也深刻影响着企业的稳定与发展。因此，家族企业在面对这些变动时，需要审慎地调整控制权配置，以确保企业的持续健康发展。

2. 控制权配置变动的模式分析

由于家族企业内部以家族企业主为中心的关系差序格局是具有弹性的，可向外进行扩张，也可向内进行收缩。因此，家族企业关系型控制权配置变动的基本路径按亲缘关系的变动路径主要分为亲缘外扩型和亲缘紧缩型（李尚，2014）。

（1）亲缘外扩型

在家族企业蓬勃发展的阶段，特别是在经历代际传承的关键时刻，更多家族成员纷纷加入企业。随着家族成员数量的增加，家族企业内部形成了以家族企业主为核心的关系网络，并不断向外扩展。这一变化不仅体现了家族企业的凝聚力和向心力，也反映了家族成员对于企业发展的积极参与和贡献。然而，随着关系格局的扩大，家族企业也面临着如何有效管理和协调家族成员之间关系的新挑战。

（2）亲缘紧缩型

在家族企业关系型控制权配置中，关系格局有时也会呈现向内收缩的趋势。例如，家族企业可以通过股份收购的方式，使远亲和泛家族成员逐渐退出企业，从而实现控制权的集中。企业主可以与这些成员进行协商，以公平合理的价格购买他们手中的股份；同时，也可以鼓励核心成员通过增持股份来增强对企业的控制力。这种亲缘紧缩型的控制权配置会使家族企业的控制权再度集中，有助于解决由控制权分散导致的家族凝聚力不足和内部代理问题。若企业主能巧妙运用这种紧缩功能，在控制权分散后通过协调家族利益来实现控制权的相对集中配置，便能有效缓解内部控制权争端，有助于家族企业的长远发展。将控制权集中在核心家庭成员手中，不仅降低了家族内部代理成本，确保了决策的高效执行，更有利于家族控制权的代际传承顺利进行。

（三）制度变迁的供给约束

制度变迁是各利益主体之间的随机动态博弈过程，博弈是多元均衡的结果，一旦博弈使小概率事件被选中，就会使企业演进路径偏离原来的方向。在制度变迁后所获得的收益大于制度变迁成本的情况下，新制度的设计者所进行的一项活动是积极推进制度变迁。在创始阶段选择报酬边际递增的制度，在市场不完全、组织无效的情况下，企业的既定方向会在以后的发展中得到自我强化，也就是说，路径依赖会强化企业模式的最初选择。

家族企业所采用的家族式管理制度，在企业发展的初期是有优势的，但在企业进一步的发展中却显出很大的弊端。然而若实现制度上的变迁，脱离原有的产权制度和管理制度，家族企业的发展依然存在一些制度变迁的制约因素。作为与家族企业制度配套的制度存量，中国的传统文化、企业内部各利益集团和外部环境在一定程度上影响和制约着家族企业制度变迁，家族企业形成了对这些制度存量的路径依赖。

1. 企业自身特征

（1）规模。即企业的资本规模、企业员工的数量和结构，以及企业产品链条。企业规模的大小取决于企业的资本持有量、企业产品的性质、市场的需求状况、技术应用状况以及生产成本等多方面因素。随着企业规模的扩大，企业对资金和各种资源的需求越来越多，家族内部已没有能力给予企业所需要的资源。如果要满足企业对资金和其他资源的需求，企业便只能降低股权的集中度。这时候家族企业会面临一个艰难的选择：是放弃家族企业集中的股权结构以换取更多的资源用以发展，还是收缩企业的发展？绝大多数的家族企业都倾向于前者。

当企业规模发展到一定阶段时，企业可能会出现规模效应，市场占有率日渐上升。而企业规模效应的出现直接导致企业会寻求新的利润点，这种新的利润点也许无法在家族企业制度下长期存在，但是新的制度改革会使得家族企业抓住机遇，获得长久持续利益，从而更好地扩大家族企业规模，这一点是至关重要的。因此，家族企业主为了更好地实现阶段的过渡，会开始尝试聘任职业经理人对企业实行规范化管理。这样的尝试会导致家族企业的产业结构变化，相应地降低集权制的程度，使企业主逐步退出管理层面，将更多的管理任务与责任划分给专业的代理经理人。

（2）企业生命周期。如图 4.3 所示，在发展初期，由于受到资源约束和缺乏知识，很多企业都是以血缘、亲缘等天然的信任关系形成家族企业制来抵抗各类风险的。家族企业有其独特的集权制管理特点，即所有权与经营权高度集中于家族成员，企业结构单一，机制比较灵活。在企业规模很小时，如果产品符合市场期望，可能会有一定的市场前景。此时企业所面临的最大问题即是资金不足。如果能够解决企业资金制约问题，那么企业就可以非常顺利地步入企业的成长阶段（如图 4.3 中的 T_0—T_1 段）。

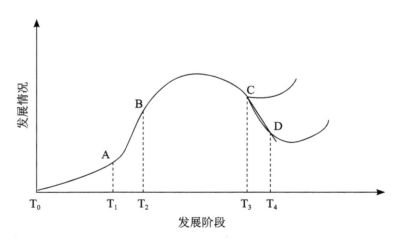

图 4.3　家族企业生命周期发展图示

企业成功迈入成长阶段后，会经历一个高速发展与成长的时期（如图 4.3 中的 T_1—T_2 段），这同时也是家族企业面临制度变迁的关键转折点。在这一阶段，企业会逐渐显露出制度变迁的端倪。为了顺应发展需求，企业会根据自身实际情况进行制度变迁的尝试。这一尝试成功与否，将在很大程度上决定企业未来的发展方向和命运。

企业进入成熟期的发展阶段，对于家族企业而言，是生命周期中一个相对理想的状态。然而，这一阶段也标志着家族企业面临制度利润最大化的转折，因为利润增长趋势将逐渐放缓（如图 4.3 中的 T_2—T_3 段）。C 点成为企业发展的关键转折点。对于处于这一发展阶段的企业来说，它们将面临两种可能的发展路径。

一种可能的路径是，当企业发现原有家族企业制度带来的收益逐渐无法满足发展需求时，它们将开始摆脱家族模式的束缚，逐步转型为现代企业。随着产权多元化、社会化和管理职业化的实现，企业将迎来新的生命周期曲线，即通过公司化治理，结合实际情况，充分利用外部条件，最终实现企业制度和组织结构的优化完善。在这一过程中，企业将实现从量变到质变的飞跃，技术附加值和产品质量的提升将使企业产品的市场前景更加广阔，企业需要不断拓展新的产品市场。此时，企业不再满足于规模的扩张，而是更加注重质的提升和规模的优化。

另一种可能的路径是，企业缺乏足够的力量推动改变，只能继续沿着原有的发展曲线前行，逐渐步入衰退期。进入衰退期的企业（如图 4.3 中的 T_3—T_4 段），市场份额逐渐萎缩，销售锐减，同时公司的资产负债率不断攀升。然而，如果企业能够根据自身情况积极进行制度创新，就有可能会迎来新的生命周期曲线（以 D 点为转折点），从而重新焕发活力，实现快速发展。但如果企业未能找到新的力量来打破这种路径依赖，那么它将不可避免地走向衰败，直至无法继续经营。

2. 文化依赖

文化作为非正式制度的一个重要构成要素，是形成路径依赖的重要因素。从总体上看，传统文化对当代中国家族企业的演进是不利的，其制约作用大于其积极效应。中国家族企业深深地烙上了家文化印记，非人格化交易、特殊主义、关系网络等特征都是家文化的产物。在家族企业中严格的差序格局决定了企业的用人模式，"三缘"人员仍是中国家族企业关键人力资源的主要来源。中国自古以来深植家族观念，家庭在中国人的行为与情感中占据核心地位，因此家族思想在中国的企业文化中有着深厚的体现。中国人往往以家为情感信任的起点，进而对外部社会成员持有相对的不信任态度。这种文化背景对企业主的管理方式产生了深远影响。一方面，他们倾向于将家族的运行模式融入企业的管理模式中；另一方面，他们对外人参与企业管理持谨慎态度。许多企业主更倾向于亲自管理企业，即使面临繁重的事务，也不愿将管理权交给外人。即便遇到适合管理企业的人才，他们往往也会优先考虑培养自己的子女来接任。这些传统文化观念无疑会对企业制度变迁产生重要影响。

创业家族一般会选择家族制的管理方式，掌握企业的所有权和控制权，两权高度合一。创业家族是受益主体也是风险承担者，这增加了企业的成长风险。传统文化对家族企业的产生和发展起到了非常重要的作用，高度信任、高凝聚力大大降低了企业的交易成本。传统文化对家族企业的影响会一直存在，在家族企业向现代企业变迁的过程中，文化因素不可避免地成为一种制约力量。但是文化是在历史中逐步积淀形成的，文化的改变不是一朝一夕可以做到的。在中国传统文化中成长和发展起来的家族企业要进行制度变迁，对文化产生路径依赖将是不可避免的。

3. 内部利益集团制约

内部利益集团对现有制度具有一定的适应性，但不愿分散或丧失控制权。根据奥尔森（2001）的利益集团理论，制度变迁是一个由竞争型利益集团推动的过程，利益集团是影响制度变迁的主导力量，在对各自利益的追逐中，不同的利益集团的博弈和力量对比决定了制度的选择。

企业制度形成后，会产生与这种制度安排相关的利益集团，现有制度能实现其效用最大化。制度变迁主体是以家族企业主为核心的家族，制度是否变迁主要是由家族企业主的变迁意愿、变迁知识和变迁能力所决定的（王连娟等，2001）。制度变迁势必会改变内部利益分配的格局，即使是对原制度进行细微的改革，也会使利益集团产生利益损失。而且有时制度变迁的代价是非常大的，如内部利益的争夺导致企业竞争力下降。因此原利益集团为了维护自身利益，已经形成强有力集团的家族成员将会阻碍家族企业制度变迁的发生，或者使企业朝着他们希望的方向改变，使它沿着既定的轨道持续下去，即使新制度比现有制度更有效率。这就使得家族、企业两个主体对制度变迁的偏好并不完全一致。

4. 制度环境影响

目前中国普遍存在法制不健全、要素市场不发达、信用体系缺失、交易成本高的现象，这种现存制度环境的不成熟使家族企业制度变迁面临着很大的风险，制度变迁的预期收益可能无法抵消变迁成本而产生正的净收益。如图4.4所示，环境动态性和路径依赖的强弱关系都会影响家族企业的制度变迁（何建洪，2007）。意识形态歧视、政策缺失等都无法满足企业建立现代企业制度的要求。随着市场经济改革的深化和对民营企业作用认识的提高，国家对非公有制经济的地位和作用予以规定和确认，制度环境已经有了很大程度的完善。但要在当前的背景下实现家族企业制度向现代企业制度的快速变迁还不太现实，条件也不太成熟，更不符合经济性原则。所以，制度环境在一定程度上决定了家族企业制度。

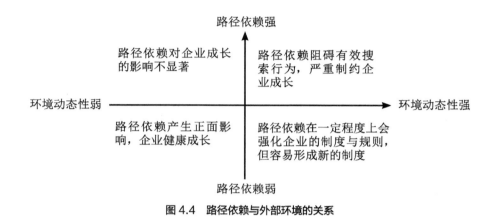

图 4.4　路径依赖与外部环境的关系

5. 成本收益对比

制度变迁的成本与其收益之间的变动使得组织发展不平衡，并导致了制度的变迁。在家族企业制度变迁的过程中，成本是无法忽视的一个因素，也是创业者较为关注的一个方面。制度变迁成本指的是从当前的制度安排转变为另一种制度安排的各种消耗费用的总和。其中包括：（1）企业的现有存量资产在企业家族成员之间进行明确分割时产生的成本；（2）实施代理合约过程中所耗费的监督成本与代理成本等——耗费成本的目的是取得收益。家族企业制度变迁的收益包括：（1）企业通过经营取得外部收益内部化的利润；（2）家族企业扩大规模，发展规模经济而产生的规模效应；（3）家族企业通过改革实现有限责任制后，通过责任分工、监督评价等机制带来的因风险降低而获得的利润；（4）通过制度变迁使得交易费用下降而获得的收益。由于市场存在天然的不完全性，为了适应这样的市场环境，对企业的制度进行重新改革与安排就显得相当必要。最终使企业更加快捷有效地运作，最大程度地降低和转移交易费用，这种制度变迁最终将实现社会的净收益的持续增加。若要家族企业制度变迁真正得以实施和完成，唯有制度变迁得到的净收益大于其所产生的变迁成本时才能实现。

6. 企业家认知

根据新制度经济学的观点，是否拥有有效的组织是制度变迁成功与否的关键，组织的有效性指的是其是否有足够的技术、知识和创新能力去实现目标。在中国家族企业中，企业家是制度变迁得以推动和实施的一个重要因素，企业家形成意愿是推动家族企业进行制度变迁的首要环节，企业主决定了家族企业制度变迁的供给，制度变迁的效果在很大程度上受到企业主创新能力的影响。在企业制度变迁过程中，任何新的制度安排都意味着利益关系的变动，特别是权力转移更是难上加难。只有那些有远见并且有足够勇气的企业家才可能推进制度变迁，并完成企业制度的变迁。所以家族企业能否成功进行制度变迁主要由企业主所拥有的变迁意愿、知识和能力决定。

一些学者从企业家的视角出发，对家族企业进行了深入研究。储小平（2011）提出，企业家的特定偏好对家族企业具有影响，特别是企业家对控制权的偏好会影响企业的管理创新。而李前兵（2011）的研究则进一步指出，企业家的创新价值观、素质等因素对家族企业的管理开放度有重要影响，企业家创新意愿越强、素质越高，管理开放度也相应越高。然而，这些因素对家族企业的所有权开放度影响并不显著。他认为，这主要是由于受到中国金融环境的制约，包括上市标准高、民间融资市场不完善以及相关法律制度不健全等，企业家在所有权方面的改革空间有限。相较于管理权的开放，企业家在所有权方面的变革能力相对较弱。

是否对企业的发展和家族利益有好处决定了家族企业主进行制度变迁

的意愿。在家族企业，企业规则和家族规则是矛盾的，企业多是依靠客观规则去运作，但家族讲究辈分和感情。一项制度安排，不但要对企业的良好运行有帮助，而且要确保家族的整体利益，二者关系如何保持平衡，对于企业主来说非常困难。如果一项制度安排有利于企业的发展，但可能会损害家族成员的利益，那么这一制度安排就不一定会被企业主采用。在整个制度变迁的过程中，企业主不仅要拥有变更制度安排的意愿，与此同时他还必须具备足够的知识和能力。因为利益将伴随每一项新的制度安排的确立而重新调整，完成制度变迁的过程非常艰难。

　　根据以上研究，依据创业家族对企业的控制演变轨迹，我们可以把家族对企业的控制权分为传统控制权与现代控制权两大类（郑文哲，夏凤，2006），如图 4.5 所示。传统控制权是家族企业对企业有形资源的直接控制，如资本、人事、市场；现代控制权主要是家族企业对企业无形资源的间接控制，如核心技术、文化。这些共同构成了控制权视角下的家族企业制度变迁动力机制。同时，企业自身特征、文化依赖、内部利益集团制约、制度环境影响、成本收益对比和企业家认知等也制约着家族企业制度变迁的动力和方向。

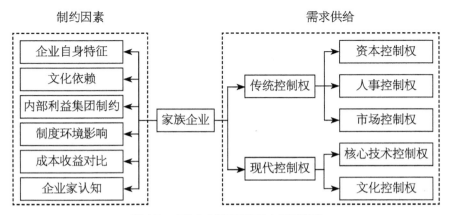

图 4.5　家族企业制度变迁动力机制模型

三、控制权影响下的制度变迁机制

（一）家族企业控制权的分类

企业控制权是企业治理与企业制度的核心，家族企业制度变迁是以控制权的多元组合、动态转换为基础的，创业家族通过"一组排他性使用和处置企业稀缺资源的权利束"来实现对企业的持续控制，并不断带来控制权收益的过程。因此，企业制度的变迁过程也就是企业控制权的作用过程。

企业控制权有不同的分类标准：法玛和詹森（法玛，詹森，1998）按照企业的决策程序，将企业决策划分为决策经营和决策控制；Hart 和 Moore（Hart，Moore，1990）将企业的契约性控制权区分为特定控制权和剩余控制权；Aghion 和 Tirole（Aghion，Tirole，1997）将控制权分为形式控制权和实际控制权。企业的发展离不开各种资源，因此控制权的作用对象必然是企业的要素资源。这实际上也就意味着创业家族要对企业拥有持续的要素控制权，而其中的关键在于掌握与控制企业的稀缺资源或核心资源，创业家族必须通过对流动变化着的企业稀缺资源的控制权及各种控制权的组合，来实现对企业的持续控制权并获取控制权收益，这是家族企业制度创新与制度变迁的基本内容与基本轨迹。

商品生产在初始状态由各个企业根据各自拥有的要素来完成，但随着经营规模和市场的扩大，自身要素已不足以支撑生产，生产成为各企业生产要素在某企业集聚的体现，是本企业要素和外部流入要素合作的结果。郑文哲和夏凤（2006）把家族对企业的控制权分为传统控制权与现代控制权两大类：所谓传统控制权是创业家族通过对企业实体稀缺资源的"排他性地使用和处置"实现的直接控制权，一般表现为通过资本所有权（股权）与人事权（特别是一些关键岗位）的家族控制来直接实现对企业的控制权；所谓现代控制权，则主要是创业家族通过对企业无形稀缺资源，如核心技术、营销网络、品牌、企业文化的控制，而实现的间接控制权。贾春玉等（2007）在对近 300 家浙江省家族企业不同生命周期阶段面临的主要问题的调查中，将影响企业发展的要素分为资金、技术、市场、经验、人才、能力等方面。虽然各学者对企业发展需要的要素确定上存在差异，但基本可以明确，各要素尤其是稀缺要素对于企业的发展而言是至关重要的。因此，本书也从稀缺要素的角度出发来界定家族企业内部控制权。

1. 资本控制权

创业家族对企业的控制权，首先表现为对资本的控制。资本控制是其他控制权产生或存在的最终基础。家族企业强调的是公司的控制权掌握在创业家族或者具有血缘关系的人手中。在股权结构上，虽然部分企业出现了管理股、技术股等要素股，但所占比例很低。

对于处在成熟发展阶段的家族企业来说，在许多企业主的思维中有两点是不能变更的：其一是对企业的实际控股权不能放弃，除非它上市成为公众公司，但即使是这样，创业家族也必须有绝对安全的控股地位；其二是家族成员的权利应当统一行使，不能让家族成员的不同意见变成对具体事务的不同表决权，从而让家族企业面临着股权分散的危险。

从融资方式的变化规律来看，中国家族企业严格遵循了"内源融资—债权融资—股权融资"的顺序，选择通过向社会开放和分享企业剩余索取权的方式来聚集社会资本，通过"核心控股＋外部参股"的模式加强对资本控制权的掌控（马军，毕剑秋，2004）。核心控股中的核心是整个模式的基础，由原始股东组成，整体控股必须达到 50% 以上。在行使股权的时候，原始股东必须是一个整体，每一个原始股东都没有单独行使比自身股权大的权利。外部参股所涉及的股份可以超过任何一个原始股东，但外部所拥有的股份绝对小于 50%。这样的股权结构安排，既可以解决创业家族对资本控制权的担心，又能够使企业以开放的股权引入外部资源，明确各方的责、权、利关系，并加强监督激励配套机制建设，避免因股权过度集中而引起的决策失误风险。同时，这样的股权安排能够对有较大控制权的一方的可行决策进行有效的限制，排除可能给其他股东带来负面作用的外部性行动，减少额外的交易成本及风险，达到保护所有股东并提升整个企业效益的目的。

2. 人事控制权

彭罗斯认为企业是资源集合体，尤其是现有的人力资源的集合（卢伟航，贺小刚，2005）。家族企业是家族和企业融合的边际形态，是家族的泛化和拓展，在成长过程中仍然会保持和展现家族的某些状态和行为模式：对外按利己主义的原则，通过契约来解决纠纷；对内按利他主义的原则，以一种更高效率的服从、默契甚至牺牲来解决纠纷。

经典的二元劳动力市场理论将劳动力市场分为一级（primary）市场和二级（secondary）市场。家族企业一方面由创业家族构成家族企业内部的一级劳动力市场，另一方面由外聘员工构成家族企业内部的二级劳动力市场。林德贝克（A. Lindbeek）和斯诺尔（T. Snower）提出的"内部人－外部人模型"（Insider–Outsider Model）指出，如果需要雇用外部人，则事先必须提出保护内部人利益的制度安排，从而导致外部人取得低于内部人的收益。虽然企业人事权的家族控制必然限制家族企业对社会人力资源的吸收和集成能力（Penrose，Edith，1959），但这种能力的重要性对尚处于小规模经营阶段的家族企业来说并不明显。只有当企业的规模和目标市场半径扩展至一定边界时，它才会成为决定企业是否可持续成长的主要因素。

Demsetz 和 Lehn（1985）认为，决策者在决策过程中，存在因拥有"根据个人偏好，为其'非金钱收益最大化'配置资源"的能力而产生的效用，它不以企业利润为代价，这种效用被称为"欣慰潜力"（Amenity Potential）。由于家族成员和非家族成员存在信息不对称，当企业的控制权交给家族成员和非家族成员时，"欣慰潜力"会发生变化。

岗位接任者的绩效以候选人创造的单位股权价值与企业主对家族企业单位股权价值的期望值比和血亲关系指数作为评判依据。前者可以通过历史数据和企业主的判断确定，后者可通过血亲关系指数表确定，如表4.2所示。

表4.2　血亲关系指数表

等亲	顺序编号	血亲指数
企业主本人	0	1.0
一等亲	1	0.8
二等亲	2	0.6
三等亲	3	0.4
四等亲	4	0.2
五等亲	5	0.1
五等亲以外	6	0

资料来源：程书强（2005）。

筛选岗位继任者候选人时，企业主可以按照每位继任者候选人得分的高低进行排序，这样就可以相对客观地判定继任者候选人的优劣。首先，将家族企业继任者候选人分为家族成员与非家族成员两组，先计算每个组别内的继任者候选人的两种指标得分，并进行排序；其次，将两个组别中得分最高者进行比较；最后，确定最高得分者为岗位继任者。这样不仅继承了现有的在家族成员与职业经理人之间选择继任者的研究成果，而且还能够对多个家族成员候选人、职业经理人候选人进行筛选，最终选择符合企业所有者效用最大化的继任者。

3. 市场控制权

企业经营所需的各种资源以及所产生的全部经营成果，都必须通过市场交易才能实现，市场是企业产品或服务的竞争状况和竞争程度的综合状态。市场份额越大，能够给企业带来的收益就越大。企业规模不断扩大，组织结构也会发生演变。如果某个行业中的利润持续大于其他行业，则表明该行业存在较高的进入壁垒，具有一定的垄断性。进入壁垒较低的竞争性产业，组织演进的速度较快；进入壁垒较高的垄断性行业，其演进的速度很慢（周立新，李传昭，2004）。因此，市场对企业变迁的内生性机制存在影响。

企业以利润最大化为目标，其效用水平体现为因占有市场而产生的利润，企业组织都沿着"古典式—泛家族式—现代家族企业管理模式"的路径进行演变，不同企业间存在一定的壁垒系数。当企业为古典式组织状态，两权合一时，企业主的理性行为是追求利润最大化；当企业处于不同演进阶段时，企业主可以从外部引入社会资源，确定最优激励合约，根据对手竞争策略确定生产方式和最终产量，企业主可以选择激励强度系数使其自身利润最大化，代理人被激励后努力实现自身效用的最大化；当企业采取现代家族企业管理模式时，企业的委托人将确定对代理人的最优激励合约，实现利润最大化。

对市场的控制体现为企业占有的市场份额，拥有市场控制权与家族企业制度变迁互为促进作用。家族企业的制度变迁是企业参与市场竞争，以谋取最大利润的必然结果。当企业管理模式开始发生变化（如部分企业为泛家族企业，部分企业仍为古典家族企业）或者所有企业都发生变化（企业都为现代家族企业）时，现代家族企业管理模式和泛家族企业管理模式都可以使其在市场竞争中获得比其在两权合一的古典家族企业管理模式下更高的产量和更大的利润。

4. 核心技术控制权

核心技术是一种能为企业带来相对于竞争对手竞争优势的技术资源和能力，是一种有价值、难以模仿的技术竞争力，具有整体性、层次性、人本性、动态创新性等特质。企业核心技术包括企业在技术知识、设备、信息及管理层面的积累与表现，是企业核心竞争力的重要组成部分，通过从主观形态的技术向客观形态的技术、潜在形态的技术向现实形态的技术的转化过程，实现技术的现实价值。

核心技术在不同产品中有专利、产业标准等表现形式。这类技术可以重复使用，在使用过程中，价值具有边际报酬递增的特征。因此，核心技术是企业在市场中取得超额利润的主要原因。一个企业即使没有整体竞争优势，也可以通过少数几个关键技术或少数几个关键能力大获成功，这对于初创期的家族企业具有十分重要的指导作用。

对于从事制造业和高新技术产业的家族企业而言，保持对核心技术的持续创新与管理，对企业产品技术的研发和持续改进，具有推进性的关键意义，只要能够保持对核心技术的垄断和控制，就能持续保持对企业的控制。企业可能拥有几组核心技术，同时发展不同种类的新产品，或者在同类产品开发中选择不同的战略环节，从而形成不同的核心技术能力。

现代家族企业往往通过逐渐放松所有权控制（如大量吸收外来投资，

逐渐实现资本股份的社会化），逐渐放松人事权控制（如逐渐把重要职位向社会开放，实现人才资源社会化），但仍牢牢掌握核心技术的方式来持续保持对企业的控制。中国社会科学院和全国工商联研究室所做的调查也表明，有 44.6% 的所有者在企业中直接担任技术工作，以便直接掌握企业的技术控制权（张厚义等，2002）。在核心技术的使用上实行分类分级管控，对核心技术、核心商业机密实行一级管控，知晓和掌握的范围越小越好；当企业因家族成员能力不足而不得不引入掌握核心技术的外部成员时，可以采取不让非家族成员独立掌控企业的全部核心技术的方法。

5. 文化控制权

Dyer 和 Whetten（2006）将家族文化分为家族式文化、自由放任式文化、参与式文化、专业式文化四种。Hall（1953）将文化分为"高文本文化"和"低文本文化"。中国家族企业是家族式文化和高文本文化的集合体，不仅是经济组织，还是文化伦理组织。企业以"五缘"为基础，即血缘、地缘、神缘、业缘、物缘，拥有自己独特的文化。这种文化很容易转化为企业文化，成为企业的精神支柱，使企业形成一定的经营风格：注重家族之间的关系，追求家族利益高于一切。

家族文化的核心内容是坚持血缘原则，由具有相同或相近的血缘关系的家族成员，组成结构简单、凝聚力强大的利益共同体。由于彼此之间存有天然的信任关系，所以监督成本大大降低了。家长权威，是家族文化的内在体现，长幼先后的关系是维系家庭乃至家族关系和秩序的重要保障。低信任度，这是家族文化的对外特征。低信任度的市场普遍以中小型企业为主导。中国家族企业以家族为边界，慢慢形成了对社会的低信任。而与此相应，对家族的依赖则越来越强，表现形式为差序格局。如图 4.6 所示，家族企业形成差序格局的社会关系，企业内外表现出不一样的文化特征，同时在企业的不同生命周期，其企业文化为与之保持匹配而不断调整。

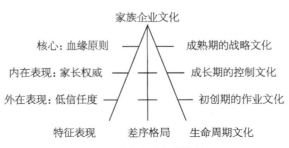

图4.6　家族企业文化的内涵

能长久享受成功的公司一定拥有能够不断地适应世界变化的核心价值观和经营实务（科林斯等，1994）。家族企业的文化控制必须遵循三点原则：其一，家族企业文化必须重视企业创始人的核心作用；其二，家族企业核心价值观的确立必须遵循一定的标准和原则，家族企业核心价值观是家族企业在企业经营过程中身体力行并坚守的理念，即必须是真实的；其三，家族企业核心价值观的确立必须重视传统文化与现代文化的结合。

几千年的传统家文化是中国家族企业成功的重要条件，抛弃它就等于抛弃了家族企业的根基。传统文化中的思想精华在现代家族企业文化构建中仍然具有积极的不可忽视的作用。但是也要看到，中国家族企业文化本质上是一种以亲情为基础、缺乏制度意识的文化，其代价是管理的漏洞、内部权力的争夺。在传统文化不能发挥更多积极作用，并逐渐产生消极影响时，家族企业必须适时建设富有特色的企业文化，使家族企业树立起适应时代的企业文化价值观，进而使企业呈现出一个崭新的形象。因此，家族企业文化重构的实质是消除传统家文化对家族企业的不利影响，抛弃传统家族伦理中非理性的血缘、亲缘观念，建立与本土文化相适应的现代企业制度，获得内生的规模效应。

（二）家族企业控制权的转换机制

1. 力度调控的梯度性

创业家族对企业的控制还存在着控制力的大小和强弱问题，每一种控制类型或控制权都在从绝对控制到临界控制的区间内，呈动态的连续分布状态，如图4.7所示。这样不仅能揭示家族企业的质的规定性（家族拥有企业的控制权），而且还能对家族对企业的控制权的变化进行量的分析，进而使家族企业的制度变迁成为一个动态的连续分布流。

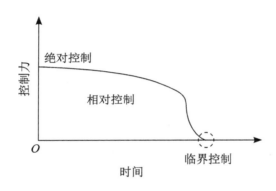

图4.7　家族企业控制权力度变迁轨迹

资料来源：郑文哲，夏凤，2006。

随着家族企业的成长，企业规模扩大和管理层级增加是不可避免的变化。以往由企业主和家族核心成员直接监管员工的做法，逐渐被基于委托—代理机制的层级管理体系所替代。通过观察家族企业制度变迁的过程，我们可以发现控制权的转移在这一过程中起到了关键作用。在家族企业中，岗位的重要性与其对企业实际控制权的影响程度直接相关，而控制权的大小又与对企业经营管理信息的掌握程度有关。因此，随着企业的发展，企业主往往会保留关键信息，只在能够直接控制的范围内分享，这反映了他

119

们在管理岗位上保持控制力的愿望。图 4.7 所示的控制权力度变迁轨迹表明，企业主在控制权上的把握是逐步放宽的，从完全控制到部分控制，再到边缘控制，最终可能使家族企业向公众公司转型。这是一个逐步调整和转变的过程。

2. 质量结合的同步性

家族企业制度变迁是一个深刻且复杂的过程，其核心在于企业控制权的转移。这种转移不是简单的权力交接，而是使权力从原本的企业主及其家族成员手中，逐步过渡到非家族的职业经理人员手中。这种控制权的转移也并非空洞的形式，而是实实在在的，涵盖了企业日常经营管理的关键信息，以及对各类资源的配置和使用的决策权。

在家族企业中，实际控制权是至关重要的。只有当这种实际控制权真正发生转移，将管理岗位所必需的信息权力和决策权力完整地赋予占据这个岗位的人，企业的治理结构才能得到真正优化。这种优化不仅仅是形式上的，更是实质性的，能够引发企业在组织形态上的深刻变革，推动家族企业从传统的、纯粹的家族式管理模式，逐步迈向更为现代、规范的企业制度。

控制权转换的类型与力度（质与量）的同步性，对于家族企业的长远发展至关重要。这不仅仅是对控制权转换类型质的规定性，更是对转换力度的量的要求。在控制权的转换过程中，每一种控制类型或控制权都会经历从绝对控制到相对控制，再到临界控制的动态变化。这种变化不是孤立的，而是呈现出一个动态的连续分布状态。同时，随着现代企业管理理念的深入和新技术的应用，技术控制和文化控制等现代控制权在家族企业中逐渐得到提升。与此同时，传统的资本和人事控制权则逐渐趋于弱化状态。这种变化是家族企业控制权转换的必然趋势，也是企业制度变迁的重要体现。

从控制力量的角度来看，家族企业控制权的转换表现为每一种控制权的控制力以及将各种控制权的控制力整合后形成的整体控制力，家族企业控制权沿着绝对控制、相对控制、临界控制到失去控制这样的趋势演变。这一过程并非一蹴而就，而是需要经历长期的、渐进的变革。

因此，家族企业的制度变迁是一个复杂而多面的过程。它涉及企业内部的权力结构调整、组织形态变革，以及与现代企业管理理念的融合等多个方面。这一过程需要企业主、家族成员以及非家族的职业经理人共同努力，通过不断探索和实践，逐步推动家族企业向更加规范、高效的现代企业制度迈进。

四、本章小结

本章从费孝通提出的中国社会的差序格局分析出发，总结出中国特有的人际社会中存在的差序格局会显著影响家族企业的制度变迁过程。家族企业在内部以企业主为中心，形成了以"自家人"、"自己人"、外人从亲密到疏远的差序格局，同时在外部形成了沿着家庭成员、近亲、远亲、泛家族成员、熟人、陌生人向外拓展的差序结构，这样的差序格局影响了家族股东和家族关系型控制权的配置，在家族企业中形成了具有中国特色的治理模式和制度变迁路径。

控制权在家族企业内部的配置因受到不同的需求诱因和供给约束影响而呈现出不同的关系状态和结构。由于在制度变迁过程中，必然会面临控制权的稀释和转移等过程，而我们如果能够从稀缺要素出发，梳理企业内部的控制权类型，包括资本、人事、市场、核心技术和文化控制权，便能为家族企业制度变迁提供动力支持。同时，企业主也要审查清楚企业面临的供给约束，包括企业自身特征、文化依赖、内部利益集团制约、制度环境影响、成本收益对比和企业家认知，在这些因素的共同作用下，家族企业控制权的转换表现为力度调控的梯度性和质量结合的同步性，这对家族企业的成长绩效也必然会带来正向和负向的影响，需要结合企业的实际情况加以考虑。

CHAPTER 5

第五章　控制权在家族企业制度变迁中的作用机制

一、家族企业制度变迁的一般作用力模型

现行企业制度的变迁方式主要有两种：一种是由政府从外部强制推行的方式，即强制性制度变迁；另一种是由分散的经济组织经过选择、模仿、接受或抵制、创新等一系列的过程，即从需求到供给的诱致性制度变迁。但是由于家族企业是一种兼具经济和家庭属性的特殊组织，故而本书没有按传统的方式，将制度作为经济或市场的外生变量或外生条件，而是将其作为一个由市场要素本身产生和决定的经济变量，来探讨家族企业应选择的制度变迁道路。

制度变迁方式关联着制度变迁过程的诸多特征，理解制度变迁方式是理解制度均衡和变迁过程并对其进行动态分析的基础。基于现有学者对制度变迁及其方式的研究，制度变迁可以从变迁可控性、主体、速率、选择方式、供给方和方向等六个方面来进行（杨立华，2011）。需要注意的是，模型的应用要符合一定的情境，不能为了一个模型去排斥其他模型或扩张性地解释所有社会性问题，模型有自身的适用范围。因此，为研究家族企业制度变迁的作用力模型并提高其普适性，本书以经管学科的分析思路，

结合物理学知识，并以相对简化和抽象的框架来理解和模拟家族企业制度变迁过程中的作用力情况。

在动力和阻力模型中，动力、阻力均作用于家族企业制度变迁过程，将二者合并于图5.1。假定在平面坐标系 XOY 中，物体 A 为家族企业，F_i（$i=1$，2，3，4，5，…，n）为家族企业制度变迁过程中的作用力（包含动力和阻力），F_i 与 X 轴的夹角大小 α 受企业规模、企业主的知识存量、企业所属行业、拥有要素的质和量、外部制度环境的完善程度等的影响，各作用力可以被分解到 X 轴和 Y 轴上，沿 X 轴和 Y 轴正方向代表对企业制度变迁起动力作用，反之起阻力作用，其长度代表对家族企业的实际作用力的大小。如图5.1所示，F_1、F_2、F_3 分解后位于 X 轴和 Y 轴的正方向，对企业制度变迁起动力作用，如上述讨论的企业五大控制权；F_5 分解后，部分作用力起动力作用，如传统文化对企业发展既有促进作用也有制约作用；F_4 分解后分别位于 X 轴和 Y 轴的负方向，完全起阻力作用，如企业内部利益集团的抵触。

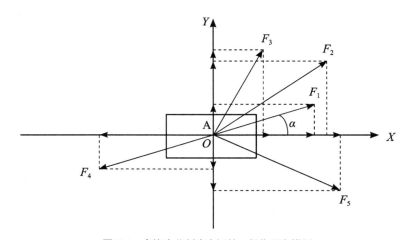

图5.1　家族企业制度变迁的一般作用力模型

设家族企业制度变迁的总动力为 F，那么

$$F = \sum_{i=1}^{n} F_i \cos \alpha_i + \sum_{i=1}^{n} F_i \sin \alpha_i \tag{5.1}$$

其中 $\sum_{i=1}^{n} F_i \cos \alpha_i$ 表示各作用力在 X 轴上的作用合力，$\sum_{i=1}^{n} F_i \sin \alpha_i$ 为各作用力在 Y 轴上的作用合力。只有当 $F > 0$ 时，家族企业的制度变迁才会向前推进，单一动力或阻力因子的作用无法决定整个家族系统的性质，但整个系统的运作又是由每个动阻力因子的相互作用来决定的。需要注意的是，由于这些动阻力因子系统并非孤立的，而是相互作用和影响的，所以这里的"+"并非指这些动力或阻力的简单数学相加，而是指这些动力和阻力要素的博弈整合。

二、控制权在家族企业制度变迁中的作用关系

鉴于已有研究对控制权在家族企业制度变迁过程中表现出类型转换的顺序性、力度调控的梯度性、质量结合的同步性的描述（郑文哲，夏凤，2006），本书结合控制权在整个制度变迁过程中的表现形式和具体作用，将控制权的内外部作用机制分为以下三点（陈亮，2010）。

（一）控制权的作用力

1. 控制权对核心要素的价值共享

企业的要素具有流动性的特征：资源供求关系的变化、社会的发展、制度环境的完善和科技文化的进步，都会影响要素的分配比例；企业所处市场、规模、发展阶段的不同，其所需要的核心要素也并不完全相同。控制权对各种要素的使用并非独立的，而是对各要素进行有效协调、整合，各

种控制权充分共享。当这些要素具有同等或相近的位势时，便会形成相互依赖、相互促进的关系，构成企业控制权互利性共生关系维度。这种维度能够给企业带来收益，同时有助于企业发展形成内部规模经济效应和外部规模经济效应。图 5.2 构建了企业价值共享模型。

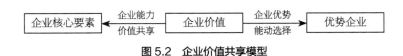

图 5.2　企业价值共享模型

由彭罗斯效应可知，假定企业受 n 种要素的共同作用 $C(c_1,c_2,\cdots,c_n;c_v)$，其中 $c_1,c_2,\cdots,c_n$ 表示企业固定要素，c_v 为可变要素，它可以转化为 $c_1,c_2,\cdots,c_n$ 中的任意一种 $(\Delta c_1,\Delta c_2,\cdots,\Delta c_n)$，即 $c_v=\sum_{i=1}^{n}\Delta c_i$，它对企业的价值提升表示为

$$V(c_v,C)=\max V(c_1+\Delta c_1,c_2+\Delta c_2,\cdots,c_n+\Delta c_n;\lambda) \qquad (5.2)$$

式中 λ 表示企业的发展规模。在企业的不同发展阶段，要素 $c_1,c_2,\cdots,c_n$ 的分配比例、使用程度都不相同，且存在浪费现象，即至少会使某种要素没有充分发挥作用。企业价值与企业所处的发展阶段密切相关，有 $\lambda_2 V(C(\lambda_1))=\lambda_1 V(C(\lambda_2))$，那么企业竞争优势表示为

$$V(C)=f(C,t)V(C(\lambda))+M \qquad (5.3)$$

其中：$f(C,t)$ 代表企业的时间价值系数，企业的盈利能力、各要素的匹配比例随时间 t 而变化；M 表示企业的附加价值，对其他相关要素具有辐射、孵化等作用，最终使企业价值得到提升。

由于存在个体差异，企业对要素的利用存在不一致性：某些要素具有比较优势而形成企业核心要素；对处于相对劣势的要素，可以通过投

资、科研强化来获得更大的发展。假定两要素对企业价值的提升效果为 $V(C_1) > V(C_2)$，要素 1 结构匹配相对合理，而要素 2 发展存在瓶颈，那么对于相同的投资 c_v 来说，它仅能使 C_1 小幅度提高，却能使 C_2 获得很大幅度的提高，$V(c_v, C_1) < V(c_v, C_2)$。因此，在保持要素 1 优势的前提下，选择强化要素 2 是比较明智的，这也就意味着要不断强化企业劣势资源，扩大企业发展空间。

控制权对企业核心要素的使用程度不同，所带来的收益也不相同。假定 A_i 为控制权 i 对某要素的使用比例（$i = 1,2,3,\cdots,n$），B_i 为控制权 i 对某要素的使用率（其中 $\max(B_i) = 1$），那么可以将该要素的价值共享度定义为 $A = \left| \sum_{i=1}^{n} B_i - 1 \right|$。当 A 越大时，控制权对该要素的共享度越高。此时所有控制权对该要素的共享能力为

$$F = \sum_{i=1}^{n} Av(c_i)\, \frac{c_i}{\displaystyle\sum_{i=1}^{n} c_i} \qquad (5.4)$$

控制权 i 对要素的使用将影响企业的价值 $\Delta v = \dfrac{B_i v(c_i)}{1 - F_i}$。因此，提高控制权对企业核心要素的利用程度，既节约了成本，又促进了企业价值的提升。

优势企业是企业内控制权动态、多元组合的帕累托改进的最终结果。不同企业所持有的产业要素、能力、条件的匹配结构都不一样，这会使企业形成独特的要素耦合点，逐步形成企业优势要素和竞争优势。控制权对要素的共享是一个企业内部结构优化和升级的动态过程，价值收益和企业发展都要在原有的能动性选择基础上进行二次能动选择。控制权对要素的共享能力 F 越强，企业竞争优势就越明显，附加值 M 也就越大。

2．控制权内部辐射作用

在企业内部，控制权利用原始以及衍生的"控制权势差"对其余控制权产生辐射影响。"控制权势差"是指企业内主导控制权和非主导控制权形成的"高度差距"。这是一个标量概念，在企业发展的不同生命周期和不同企业内，控制权所产生的"高度差距"是相对的。由于控制权是一个集合概念，假定两控制权之间存在的控制权势差为 H，V 和 C 分别表示掌控控制权所带来的收益和成本支出，那么控制权势差 $H = \dfrac{V}{C}$。控制权之间的辐射存在方向性，同一控制权对其他不同控制权的促进作用是不同的，二者所拥有的共性越多，所产生的辐射能力也就越强。

如图 5.3 所示，F_1、F_2 为两种不同的控制权，其各自方向上的长度代表对企业要素的作用大小；α 为 F_1、F_2 作用的夹角，此夹角受市场体制的完善程度、企业组织结构和要素的作用、二者间的共性等不同因素的影响；L_1、L_2 为对应控制权在同一体制层次的投影，其长度表示对企业的贡献程度；H 为 F_2 对 F_1 的控制权势差，受到夹角 α、L_1、L_2、V、C 这五个自变量的影响。那么 F_2 对 F_1 的辐射作用 $F_\beta(F_2, F_1) = f((L_2 - L_1)\tan\alpha)$，其中 f 是关于 H 的增函数，$f(0) = 1$，表示 F_1、F_2 对企业的作用是相等的，即辐射作用 $F_\beta(F_2, F_1) = 1$，彼此间没有促进作用。相应控制权 F_1 的增加值为 $\Delta F = [F_\beta(F_2, F_1) - 1] F_1$。令 $F = (F_1, F_2 \cdots, F_n)$ 为整个控制权向量，则整个企业内部控制权的辐射能力为

$$F_\beta(F_i, F_j) = \begin{pmatrix} 0 & F_\beta(F_1, F_2) & \cdots & F_\beta(F_1, F_{n-1}) & F_\beta(F_1, F_n) \\ F_\beta(F_2, F_1) & \cdots & & \cdots & \cdots & \cdots \\ \vdots & \vdots & \vdots & \vdots & \vdots \\ \cdots & \cdots & & \cdots & 0 & F_\beta(F_{n-1}, F_n) \\ F_\beta(F_n, F_1) & F_\beta(F_n, F_2) & \cdots & F_\beta(F_n, F_{n-1}) & 0 \end{pmatrix}$$

$$(i = 1, 2 \cdots, n; j = 1, 2 \cdots, n) \tag{5.5}$$

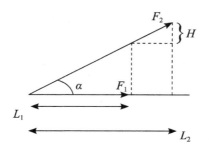

图 5.3 企业内部控制权势差关系示意图

控制权间的相互辐射形成交错的网络结构，这些辐射结果可能会受到许多因素影响，也可能只受其中个别的因素影响，对于追求利润最大化的企业而言，肯定会选择最大的辐射作用力以提高企业效益，故

$$F_\beta = \max \left\{ \max \left[F_\beta (F_i, F_j) \right], A \int_1^n \int_1^n F_\beta (F_i, F_j) \, dF_i dF_j \right\}$$

$$(i = 1, 2, \cdots n; j = 1, 2, \cdots n; i \neq j) \qquad (5.6)$$

其中 A 表示多个控制权间的作用机制，可以是强化过程，也可以是弱化过程。故此时企业价值为 $F = \sum_{i=1}^n F_\beta V_i$，而因为受控制权辐射作用影响的价值变化为

$$\Delta F = \sum_{i=1}^n (F_\beta - 1) v(c_i) \qquad (5.7)$$

3. 控制权的孵化能力

控制权对要素的共享和控制权之间的辐射作用，使企业保持现有竞争优势，而且企业内各种控制权具有整合、衍生的特征，有助于实现控制权的创新、孵化和培育新控制权，达到"1+1>2"的效果。在控制权孵化过程中，企业强调对已有资源的整合和运用，只有控制权孵化成功以后，才会

对企业结构产生影响，推动企业结构的优化和升级，促进家族企业制度变迁的顺利进行。控制权的孵化表现出一定的顺序性，由传统、有形的资本控制权、人事控制权逐步向现代、无形的市场控制权、核心技术控制权、文化控制权进行转化。

控制权间的孵化作用在不同企业有不同的表现形式，在特定条件下相互作用形成空间网状结构 $f = f(F_1, F_2, \cdots, F_n)$。为简便起见，假定控制权都为两两组合，那么控制权间的组合共有（$\frac{n^2}{2} - n + 1$）种可能，各种组合形成的成本矩阵为

$$C_{a_{ij}} = \begin{pmatrix} 0 & C_{a_{12}} & C_{a_{13}} & \cdots & C_{a_{1n}} \\ C_{a_{21}} & 0 & C_{a_{23}} & \cdots & \cdots \\ C_{a_{31}} & \cdots & 0 & \cdots & \cdots \\ \cdots & \cdots & \cdots & \ddots & \cdots \\ C_{a_{n1}} & \cdots & \cdots & \cdots & 0 \end{pmatrix} \quad \begin{array}{l} (i = 1, 2, \cdots n; j = 1, 2, \cdots n; \\ C_{a_{ij}} = 0, i = j; C_{a_{ij}} = C_{a_{ij}}, i \neq j) \end{array} \quad （5.8）$$

由于企业控制权组合的差异性，在其他条件都不变时，控制权组合过程所需时间必定存在差别。那么，控制权的组合成本可以转化为时间成本来计算。需要说明的是，在各种情况下，控制权转换的时间关系并非呈简单的线性关系，设时间函数为 $f(t) = ka^x t$，其中：k、a 为任意常数，且 $k > 1$，$a > 1$；$x = \frac{\sum_{i=1}^{n} k_i}{k_i}$（$x > 0$）表示各控制权权重总和与某一控制权权重的比值；$t$ 表示控制权间组合过程需要的时间。那么控制权间组合成本为

$$C_a = \int_0^{f(t)} C_a(t) \, dt \quad （5.9）$$

式中$C_\alpha(t)$表示控制权组合过程中任意时刻t的成本。在各种情况下，组合过程中的时间段都是连续的。

　　控制权间保持相互独立又彼此联系的关系。在企业要素发生改变、制度逐渐完善的情况下，控制权会向更适应目前体制的方向进行转化。同理，控制权转换成本也可以用时间来衡量，为$C_\beta = \int_0^{f(t)} C_\beta(t)\,\mathrm{d}t$。假定最终完成控制权孵化的条件成立，且其他条件保持不变，任意企业在某一时间段内控制权结合转换过程中总成本为

$$C = C_\alpha + C_\beta = \int_0^{f(t)} C_\alpha(t)\,\mathrm{d}t + \int_0^{f(t)} C_\beta(t)\,\mathrm{d}t = \int_0^{k_1 a^{\frac{\sum_{i=1}^n k_i}{k_i} t}} C_\alpha(t)\,\mathrm{d}t + \int_0^{k_2 b^{\frac{\sum_{i=1}^n k_i}{k_i} t}} C_\beta(t)\,\mathrm{d}t$$

（5.10）

　　企业控制权的孵化效果，可以通过特定控制权的边际成本MC和边际收益 MR 来评价，其中 $MC = \dfrac{\partial C}{\partial t} = k_1 C_\alpha(t_i) a^{\frac{\sum_{i=1}^n k_i}{k_i}} + k_2 C_\beta(t_i) b^{\frac{\sum_{i=1}^n k_i}{k_i}}$，对某一特定情况，可将具体值代入计算。当 MR ≥ MC 时，企业制度变迁过程中控制权的变化形成一定的结构，促进企业的制度变迁；当 MR< MC 时，控制权的新组合带来的收益不足以弥补因结构改变而带来的损失，控制权孵化影响下的制度变迁使家族企业在更低效率下运行。

　　企业内部控制权孵化水平的高低，除了用边际成本和边际收益衡量，还可以用一段时间内企业控制权的数量和控制权的价值来衡量。将新控制权所创造的总价值除以结合前控制权独立时的价值总和，可以构造企业控制权的结合转换能力，这是衡量控制权结合转换速度和质量的指标，体现了企业内控制权的具体发展水平，公式为

$$F(t_1,t_2)=\frac{\partial\left\{x\left[\left|\Delta N(t_1,t_2)\right|\right]+y\sum_{i=1}^{n}[v_i(t_2)-v_i(t_1)]\right\}}{\partial t_2} \quad (5.11)$$

其中：t_1、t_2 表示控制权转换开始和结束的时间点；x、y 分别表示结合转移后控制权数量和产值所占据的比例，$x+y=1$；$\Delta N(t_1,t_2)$ 表示新增的控制权数量，因为控制权的变化可能出现多结合成一、一分散成多、平等转换等情况，考虑到实践意义，故取其绝对值；$v_i(t)$ 表示控制权 i 在 $[0, t]$ 时间段内所产生的价值。那么新控制权对企业发展水平的提升价值体现为

$$\Delta v_i(t_1,t_2)=\int_{t_1}^{t_2}v_i(t)\,F(t_1,t_2)\,\mathrm{d}t \quad (5.12)$$

（二）控制权的综合相互作用对企业绩效的影响

控制权在企业制度变迁过程中是相互作用和相互影响的，每种控制权在单独产生作用的同时也会影响到其他控制权，各种控制权共同构成网络的五星模型。在图 5.4 所示的五星模型中，资本控制权、人事控制权为基础，核心技术控制权为手段，市场控制权为目的，文化控制权为灵魂。因此，家族企业制度变迁本质上也就是各控制权间渐进的、多元的、动态的作用过程：在内容及形式上表现为每一种控制权自身的形式创新及其组成的控制权束的形式创新；在控制力上表现为单一控制力或者整合的控制力沿着"绝对控制—相对控制—临界控制—失去控制"的趋势演变。

如图 5.5 所示，A 点表示家族掌握企业的绝对控制权，C 点为临界控制点，BD 线为家族企业利益分割线。BC 以上、AC 以下区域表示家族对企业的控制由绝对控制过渡到临界控制状态，处于相对控制区域，创始家族保留控制权。超过临界点 C，CD 以上、CE 以下阴影部分为控制权转移给企

业带来的收益，CD 以下、CF 以上阴影部分表示家族控制权丧失带来的损失，这是创始家族不愿看到的。因此，对于创始家族而言，最佳选择当为沿实线 ACE 走向，这样既不损害创始家族利益，又能充分引进外部资源。那么，在制度变迁过程中，控制权的相互作用关系、相对控制的时间点的确定，以及控制权转让比例就是企业制度变迁的关键所在。

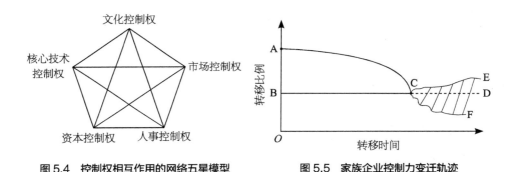

图 5.4　控制权相互作用的网络五星模型　　　　图 5.5　家族企业控制力变迁轨迹

　　家族企业的制度变迁过程也就是控制权的作用过程，那么企业内控制权的作用机制体现为控制权对要素的价值共享、控制权内部辐射能力、控制权的孵化作用所组成的有机体。其内在关系可以用图 5.6 表示。

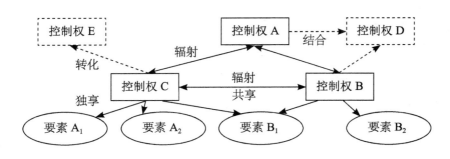

图 5.6　控制权作用的内在关系

通过控制权的共享、辐射、结合、转化等能实现目前状态下控制权安排无法带来的"潜在利润",这对整个家族企业内部的价值提升大小为三者共同作用之和,相关公式为

$$\Delta v = \sum_{i=1}^{n} \frac{B_i v(c_i)}{1-F_i} + \sum_{i=1}^{n} (F_\beta - 1) v(c_i) + \int_{t_1}^{t_2} v_i(t) F(t_1, t_2) \mathrm{d}t \qquad (5.13)$$

制度变迁深刻影响着家族企业的经营模式,进而决定其成长绩效。家族企业在确立经营模式和调整业务范畴时,需紧密结合当下制度环境,灵活应对,确保与制度环境相契合,从而确保企业的持续稳健发展。在制度尚不完善时,专业化的经营模式有助于家族企业集中资源,形成独特的竞争优势。然而,随着制度的日益完善,家族企业逐渐转向多元化和全球化的经营模式,这不仅能够拓展其经营边界至国际市场,降低经营风险,还能通过多元化经营实现范围经济,即生产多种产品相比单一产品更节约成本。因此,家族企业需不断进行制度变迁,灵活调整经营模式,以实现持续成长和效益最大化。

更进一步说,当制度不完善时,管理体制方面的"家族性安排"不仅可以降低代理成本,还可以使家族资本和家族成员相融合,从而促进资源的合理配置。随着制度的不断完善,家族系统作为资源池的作用减少。此时分工明晰的管理体制除了可以给管理者带来更大的财务刺激,还会降低交易费用,提高经营效率。但是明晰的管理体制即两权分离可能会带来一些道德风险,所有者的目标是实现利润最大化,职业经理人的目标可能是自身效用最大化。

企业制度变迁是随着企业经营规模扩张而出现的;同时,它又是维持和促进规模扩张的必要条件。如图 5.7 所示,在企业成长过程中,随着财务资

源和人力资源超出家族的范围，企业规模扩大，企业的组织形式和制度也在不断发展，企业形态由家庭企业、家族企业、泛家族企业、家族临界控股企业转变为公众上市公司，而企业制度经历古典家族企业、非古典家族企业、现代家族企业和现代股份制企业的变化过程。企业制度维度的成长由企业规模维度和知识维度成长引起，同时其保证了企业规模维度和知识维度的有效成长，企业制度维度的成长是家族企业成长过程中必不可少的一部分。

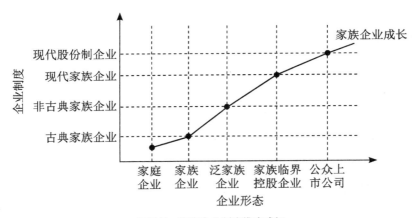

图 5.7　家族企业制度维度成长

资料来源：程书强（2006）。

三、控制权转移与家族企业的制度变迁

（一）控制权转移的理论研究

通过现实中各家族企业典型案例的研究，我们可以得出家族企业制度变迁过程中的效益与控制权的转移程度服从正态分布图形的结论（郑海平，鲁兴启，2005）。中国家族企业在制度变迁中，实施控制权转移，引入外来物质资本和人力资本是大势所趋。但由于企业的个体差异性，企业在制度

变迁中控制权转移所伴随的不确定性因素各不相同，可大多数家族企业决策者对控制权转移时机、转移份额都表现出跟随行为。因为控制权转移并不简单等同于普通的企业经营决策，它在一定程度上体现出决策的不可逆转性，所以企业一旦做出转移决策，企业股权、人事、组织架构等都会发生不同程度的变化。当企业主因决策失误再次使企业回到变迁前的路径时，需要付出极大的"二次转换成本"，所以企业主对此类决策会相当谨慎和小心，不仅要考虑企业未来发展的大趋势，更要考虑决策内外部环境影响和决策时机选择。在家族企业控制权转移过程中，如果面临的内外部环境不确定性很强时，决策者需要选准实施时间点；控制权转移利弊不明显时，决策者也需要选准实施时间点。

这种时机的选择会产生机会成本，它等于获得最佳回报的机会价值。控制权一旦转移，企业主便丧失了最佳时刻转移时的收入，转移时间的选择会给企业带来机会成本。当控制权转移的未来趋势不清晰时，决策者的等待价值等于其未来的最佳切入时机的价值；一旦控制权转移，机会成本就是最佳切入时机的收益。

本章首先针对现实中家族企业对控制权转移所表现出的跟随效应，根据企业的生产函数，分析控制权转移对家族企业制度所带来的影响；其次，建立一个基于机会成本的不可逆决策的随机微分方程，求出在各种条件下该方程的最优解，进而得出家族企业控制权转移的最佳时间和触发值[①]；最后，讨论影响家族企业制度变迁过程中控制权转移的若干因素。

1. 家族企业控制权转移的效用分析

生产函数是在一定技术水平约束条件下，在生产中所投入使用的生产

[①] 触发值是指企业决策者在企业控制权转移时所获得的收益恰好能弥补因此付出成本支出的临界值。

要素与能生产的最大产量之间的关系。这些生产要素包括家族企业内部的各控制权要素——物质资本、人力资本、技术条件、市场控制度、企业文化等，也包括企业的外部环境。从经济关系和制度层面看，控制权转移的过程同时也是企业内外经济关系及制度规则的变化和选择的过程。制度变迁后，家族企业能在社会上集聚更多的资本，这是企业控制权转移带给企业生产函数最直接的影响。

本书将家族企业的生产函数定义为

$$Y = Y(C, H, M, T, W, Z) \tag{5.14}$$

其中，Y 表示控制权转移的生产函数，C 为金融资本，H 为人力资本，M 为市场控制度，T 为技术条件，W 为企业文化，Z 为企业内部现行配套制度规则。

那么控制权转移给家族企业带来的收益函数 V 表示为

$$V = \max \left[Y(C, H, M, T, W, Z) - C_1 - C_2 \right] \tag{5.15}$$

其中，$C_1 = C_1(p_1, p_2, \cdots, p_n)$，表示与生产要素价格 $(p_1, p_2, \cdots, p_n)$ 相关联的成本支出。$C_2 = C_d + C_j$，表示企业控制权转移后所增加的委托—代理成本和监督成本。

本书在此基础上展开进一步分析，创业家族控制的家族企业收益包括企业的经营利润和控制企业的非经济收益（家族收益）。在所有权与控制权相分离的条件下，外来管理人员的出现导致了家族企业产生了在两权合一的条件下并不存在的委托—代理成本，因此，假设家族企业所有者的效用函数为

$$U_1 = U_1 \ (R_1, R_2, C) \qquad\qquad （5.16）$$

其中 R_1 表示企业收益，R_2 表示各类物质和心理收益之和，C 表示由所有权和控制权分离带来的成本。当 $R_1=0$，$R_2=0$ 或者 $C=0$ 时，$U_1=0$，同时满足 $\dfrac{\partial U_1}{\partial R_1}>0,\ \dfrac{\partial U_1}{\partial R_2}>0,\ \dfrac{\partial U_1}{\partial C}<0$。

当企业引进外部人员时，个人一般以提升收入水平为目的。假定外部人员的总体效用函数与个人收入 W 相关，即外部人员的效用函数为

$$U_2 = U_2 \ (W) \qquad\qquad （5.17）$$

当 $W=0$ 时，$U_2=0$，同时满足 $\dfrac{\mathrm{d}U_2}{\mathrm{d}W}>0$。

根据委托—代理理论，由于监管和外部人员道德问题等原因的存在，企业目标和外部人员的目标在匹配上会存在差异。当企业目标和外部人员目标一致时，将对彼此产生共同的正向作用，即 $\dfrac{\mathrm{d}U_1}{\mathrm{d}U_2}>0$，表示家族企业主增加一个单位 W 的支出能给 U_1 带来较大程度的增加；反之，当 $\dfrac{\mathrm{d}U_1}{\mathrm{d}U_2}<0$ 时，表示家族企业和外部人员的目标出现相反的情况，外部人员可能存在以权谋私的隐性收入，企业主增加一个单位 W 的支出能使 U_1 有较小程度的增加甚至负增长。

将 $\dfrac{\mathrm{d}U_1}{\mathrm{d}U_2}$ 进一步展开可得

$$\frac{dU_1}{dU_2} = \frac{\partial U_1}{\partial R_1} \times \frac{dR_1}{dW} + \frac{\partial U_1}{\partial R_2} \times \frac{dR_2}{dW} + \frac{\partial U_1}{\partial C} \times \frac{dC}{dW} \tag{5.18}$$

企业聘请外部人员是为了提升企业收益，企业收益与受雇人员的能力正相关，与可能产生的败德问题负相关，即 $\frac{dR_1}{dW}$ 的符号是不确定的。由于外聘管理人员，企业内部的家族系统控制权必然会受到影响，R_2 会下降，故 $\frac{dR_2}{dW} < 0$，而随着 W 的上升，成本 C 必然会上升，即 $\frac{dC}{dW} > 0$。

当 $\frac{\partial U_1}{\partial R_1} > 0$，$\frac{dR_1}{dW}$ 不确定的时候，$\frac{\partial U_1}{\partial R_1} \times \frac{dR_1}{dW}$ 的符号也是不确定的；

当 $\frac{\partial U_1}{\partial R_2} > 0$，$\frac{dR_2}{dW} < 0$ 时，$\frac{\partial U_1}{\partial R_2} \times \frac{dR_2}{dW} < 0$；

当 $\frac{\partial U_1}{\partial C} < 0$，$\frac{dC}{dW} > 0$ 时，$\frac{\partial U_1}{\partial C} \times \frac{dC}{dW} < 0$，$\frac{dU_1}{dW}$ 的值也是不确定的；

只有当 $\frac{\partial U_1}{\partial R_1} \times \frac{dR_1}{dW} + \frac{\partial U_1}{\partial R_2} \times \frac{dR_2}{dW} > \frac{\partial U_1}{\partial C} \times \frac{dC}{dW}$ 时，$\frac{dU_1}{dW} > 0$。

$$dV = \alpha V dt + \beta V dz \tag{5.19}$$

经过上述分析，我们可以得出两个重要的推论。首先，鉴于委托—代理关系的固有特性，家族企业的所有者与管理者之间存在目标不一致的问题。这种目标的不一致意味着，家族企业所有者招募外部管理人员，并不一定能提高企业自身的效用。其次，关于家族企业的组织结构选择——是维持企业由家族所有和经营，还是使企业向社会化运营转型并移交管理权——取决于聘请外部管理人员带来的预期收益是否超过了委托—代理问题产生的成本以及可能对家族利益造成的损耗。只有当引入外部管理人员确实能够提升家族企业所有者的边际效用时，家族企业才有理由考虑转移其控制权。

2. 控制权转移的基本假设

（1）假设在家族企业控制权转移的同时，企业价值达到最大。控制权转移是自选择转移到最优转移的一个动态过程，为研究控制权转移时机选择对家族企业的影响，同时忽略企业控制权转移的时间过程，本书做出假设：家族企业一旦决定转移控制权，结构便瞬间达到最优化。

（2）假设家族企业做控制权转移决策时所产生的成本是一次性的，并且产生了不可逆的沉淀成本 C_0。

（3）根据 Dixit 和 Pindyk 等（1994）的研究，企业控制权转移后，企业所需资源和要素是随机变化的，配套制度建立及产生的代理和监督成本也是随机的。假设家族企业控制权转移价值函数 V 服从布朗运动[①]（Brownian Motion）的随机过程，即

$$dV = \alpha V dt + \beta V dz \tag{5.20}$$

式中，dV 所满足的过程为一般维纳过程（Wiener Process）。dz 表示维纳过程增量，$dz = \xi \sqrt{dt}$，ξ 是一个服从标准正态分布的随机变量；α 为 $\frac{dV}{V}$ 的期望值，β 表示控制权转移企业价值 V 的期望增长率；β 为 $\frac{dV}{V}$ 的标准差，表示企业面临的风险系数。

---

① 布朗运动最初是指悬浮微粒不停地做无规则运动的现象，是一类马尔可夫过程，它可以用一个特定的随机差分方程（离散场合）或随机微分方程（连续场合）来表示。文中假定控制权转移服从布朗运动，描述在不同的时间点，控制权转移随时间不确定性地变化的状态。采用布朗运动进行解释的原因主要在于它能够给出分析解，从而使我们能够通过解析式明确地看出家族企业内外部要素、环境的不确定性变化对企业控制权转移和企业价值的影响。

3. 控制权转移的模型分析

（1）在外部环境确定情况下的控制权转移决策分析

当外部环境情况确定时，即风险系数 $\beta=0$，那么（5.20）变为

$$\mathrm{d}V = \alpha V \mathrm{d}t \qquad (5.21)$$

设贴现率为 η，那么控制权转移贴现到 $t=0$ 的现值为

$$V = V(t)\,\mathrm{e}^{-\eta t} = (V_0 \mathrm{e}^{\alpha t} - C_0)\,\mathrm{e}^{-\eta t} \qquad (5.22)$$

对（5.22）式中时间 t 求导，可以求出控制权转移的最优时刻 t_1。令 $\dfrac{\mathrm{d}V}{\mathrm{d}t}=0$，可得

$$\frac{\mathrm{d}V}{\mathrm{d}t} = -(\eta-\alpha)V_0 \mathrm{e}^{-(\eta-\alpha)t} + \eta C_0 \mathrm{e}^{-\eta t} = 0 \qquad (5.23)$$

从而得出企业控制权转移的最优时刻 $t_1 = \max\left\{\dfrac{1}{\eta}\ln\dfrac{\eta C_0}{(\eta-\alpha)V_0}\right\}$。

令 $t_1=0$，可得到企业控制权转移的触发值为

$$V_0 = \frac{\eta}{\eta-\alpha}C_0 > C_0 \qquad (5.24)$$

现实中，外部环境确定的情况是几乎不存在的，这只是理想模型。家族企业的控制权转移肯定伴随有不确定因素和风险，有时这种风险给企业

带来的成本是巨大的，即风险系数 β 是远远大于 0 的。

（2）在不确定情况下的家族企业控制权转移决策

当内外部环境不确定时，企业决策者会根据预期收益选择是否进行控制权转移。假定 $Y_n(V)$ 为家族企业不实行控制权转移的现行价值，$Y_0(V)$ 为家族企业控制权转移后的预期价值，家族企业决策者要使企业价值最大化，需要比较控制权转移价值和等待控制权转移价值，从中取其较大的值为

$$V = \max（控制权转移价值，等待控制权转移价值）$$
$$= \{ \max Y_o(V), \frac{E\left[Y_n(V+\mathrm{d}V)|V\right]}{1+\eta \mathrm{d}t} \} \tag{5.25}$$

如果控制权转移价值大于等待控制权转移价值，那么企业会选择立即实行控制权转移；如果控制权转移价值小于等待控制权转移价值，则有以下贝尔曼方程（Bellman Equation）（侯成敏，何延生，2001）：

$$\eta Y_n(V)\mathrm{d}t = E\left[Y_n(V+\mathrm{d}V) - Y_n(V)|V\right] \tag{5.26}$$

根据伊藤引理（Ito's Lemma），将（5.26）式右边转化至二次项为

$$E\left[Y_n(V+\mathrm{d}V) - Y_n(V)|V\right] = E(\mathrm{d}V|V)Y_n{}'(V) + \frac{1}{2}E\left[(\mathrm{d}V)^2|V\right]Y_n{}''(V)$$
$$= \alpha V Y_n{}'(V)\mathrm{d}t + \frac{1}{2}(\beta V)^2 Y_n{}''(V)\mathrm{d}t \tag{5.27}$$

由此可得二阶微分方程

$$\frac{1}{2}(\beta V)^2 Y_n''(V)+\alpha V Y_n'(V)-\eta Y_n(V)=0 \qquad (5.28)$$

该微分方程满足下列边界条件

$$\begin{cases} Y_n(0)=0 \\ Y_n(V_0)=V_0-C_0 \\ Y_n'(V_0)=1 \end{cases} \qquad (5.29)$$

为满足上述边界条件，方程（5.28）通解必须满足下列形式

$$Y_n(V_0)=XV^\lambda \qquad (5.30)$$

式中 X 为待定常数，$\lambda>1$ 为已知常数，其值取决于微分方程中的 α、η。

将式（5.30）代入微分方程（5.28）有

$$\beta^2\lambda^2+\lambda(2\alpha-\beta^2)-2\eta=0 \qquad (5.31)$$

对方程（5.31）求解，得

$$\lambda_1=\frac{2\alpha-\beta^2+\sqrt{(2\alpha-\beta^2)^2+8\beta^2\eta}}{2\beta^2}\ (\text{保留})$$

$$\lambda_1=\frac{2\alpha-\beta^2-\sqrt{(2\alpha-\beta^2)^2+8\beta^2\eta}}{2\beta^2}\ (\text{舍去})$$

利用边界条件求解企业股权开放的触发值 V_0'，联立求解可得

$$V_0' = \frac{\lambda}{\lambda - 1} C_0 > C_0 \qquad (5.32)$$

从图 5.8 中可以看出，对家族企业决策者而言，等待控制权转移价值等于其将来的最佳切入时机的价值。家族企业在决定企业控制权转移的时机时，应考虑机会成本。

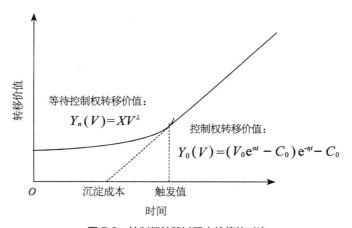

图 5.8　控制权转移过程中价值的对比

为定量分析内外部环境的不确定因素 β 在控制权转移过程中对家族企业的影响，对式（5.31）进行全微分，令方程为 $Z = Z(\beta, \lambda)$，可得

$$\frac{\partial Z}{\partial \beta} \mathrm{d}\beta + \frac{\partial Z}{\partial \lambda} \mathrm{d}\lambda = 0 \qquad (5.33)$$

整理得到：

$$\frac{\partial \lambda}{\partial \beta} = \frac{\dfrac{\partial Z}{\partial \beta}}{\dfrac{\partial Z}{\partial \lambda}} = -\frac{2\lambda(\lambda - 1)}{(2\lambda - 1)\beta^2 + 2\alpha} < 0 \qquad (5.34)$$

当企业内外部环境不确定性因素 β 越大时，λ 越小，企业控制权转移的触发值 $V_0' = \dfrac{\lambda}{\lambda-1} C_0$ 越大，即企业选择等待的时间也越长。当不确定性因素实在无法判断时，$\lim\limits_{\beta \to \infty} \lambda = \infty$，从而 $\lim\limits_{\substack{\beta \to \infty \\ \lambda \to \infty}} V_0' = \infty$。相反，当企业控制权转移时内外部环境风险较小时，$\lim\limits_{\beta \to 0} \lambda = \dfrac{\eta}{\alpha}$，从而 $V_0' = \dfrac{\eta}{\eta-\alpha} C_0$。如果企业控制权转移给企业带来的价值很显著时，即 $\alpha > \eta$，从式（5.33）和式（5.34）可以看出，有 $Z(0) < 0$ 和 $Z(1) > 0$，从而当 $0 < \lambda < 1$ 时，$V_0' = \dfrac{\lambda}{\lambda-1} C_0 < 0$，此时，家族企业决策者应选择立即开放控制权。

通过上述分析可知，家族企业控制权转移的时机选择与控制权转移过程所面临的不确定性高度相关。不确定性越大，家族企业决定控制权转移的时间就越长。因此，在促进家族企业制度变迁过程中，企业自身及政府要特别重视有关内外部环境与条件的建设和优化。从企业层面来讲，家族企业在发展中要时刻关注外界环境的变化，注意动力因素与阻力因素及作用机制，减少各种体制性的不确定性因素；从政府层面来讲，政府需要完善和明确家族企业经济发展的相关法律、法规与政策，提供良好的政策环境，进行合理的激励与引导，为家族企业制度变迁创造更加稳定和可预期的环境。

因此，在家族企业的成长过程中，市场结构的变化会导致企业行为发生改变，从而带来绩效的变化。在此过程中，企业趋于理性地从内外部的因素出发展开制度变迁。企业规模的扩大需要不断引入外部资本和人力资源，这也会导致企业在制度变迁过程中面临决策控制权和经营控制权的转移。如图 5.9 所示，构建家族企业制度变迁过程中控制权转移的基本框架。

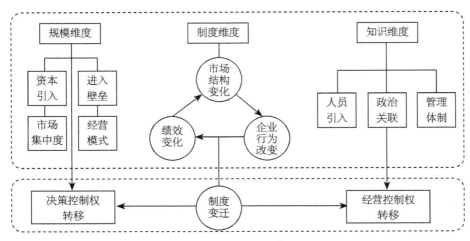

图 5.9　家族企业控制权转移的分析框架

（二）控制权转移的实践

1. 资本控制权的转移

尽管大部分家族企业在创业时主要是依靠自身的资本，但即使在创业阶段，也不能完全依靠自有资本，而在其后的生存与发展过程中，更要在不同程度上通过特定的社会网络关系获取各类金融资本。这些社会金融资本的获取必须通过或正式制度或非正式制度或两者兼而有之的途径实现，其过程必然受到一定条件的约束。

家族企业在创业初期，组织结构简单，信息渠道畅通，加上由血缘和亲缘形成的天然信任关系，资源在家族内部聚集效率高，企业发展速度比较快。随着企业的发展，必然需要融合外部的更多资源。在制度环境制约下，当正式制度融资渠道不足、不畅或门槛较高时，家族企业往往通过泛家族化的亲情熟识网络进行融资，以此获取一定的社会金融资本。然而，泛家族融资渠道既有亲情因素起作用，也有理性获利因素在其中起作用。

这种内在矛盾使其融资能力有限，这种融资方式的资本融合效率相较于家族内部资本的集聚效率要低，这在一定程度上导致家族企业的成长速度减缓，这与创业家族拥有企业控制权收益有关，同时也可能与是否有健全的私有产权保护和资本市场制度有关。

若企业能够超越家族与亲情熟识网络融资的局限，开放控制权给家族外部成员，逐步拓展金融资本来源，直至超越人格化交易网络的限制，通过非人格化的资本市场向公众融资，那么这样的企业往往会迎来较为迅速的成长。然而，值得注意的是，并非所有家族企业都会遵循这一路径来整合社会金融资本，有的可能并未经历上述的每个阶段。这里所提供的，只是家族企业通过部分转移决策控制权（产权）来融合社会金融资本的一个基本路径和发展模式，具体实践还需结合企业自身情况和市场环境进行灵活调整。

以控制权为作用力的家族企业制度变迁，控制权的转移都是有临界值的，转让比例取决于是否会影响创业家族对企业的实际控制。股权是控制企业的基础，本书以下以股权转让为例进行分析，分析创业家族进行企业股权控制的最佳比例。高明华（2007）将创业家族股权控制比例分为三个区间（0，20%]、（20%，40%]、（40%，100%]，并发现创业家族持股比例介于 20% 至 40% 时通常比较合适。

创业家族一般都是企业最大股东，当创始人持股比例为 [0，20%] 时，股东间的持股比例相当，此时股权的激励效果不显著，无法形成决策核心；各股东之间互相拆台、争夺控制权，企业决策速度缓慢。控制权的频繁变动，也会导致企业长期战略随之变动，进而影响企业的长期稳定发展与成长，最终影响公司绩效。

但也有部分学者，如黄渝祥等（2003）以量化的形式提出，要形成股东之间相互制衡的股权结构——股权制衡度（Degree of Restriction），股权制衡度通过第二大股东到第五大股东持股比例之和与第一大股东持股比例的比值来表示，最优股权制衡度为1.06（张晓倩，2007），这样既保留了第一大股东股权集中的优势，又能有效抑制第一大股东的侵害行为。

当创始人持股比例为（20%，40%]时，创始人基本上能够控制企业，有利于企业的长期稳定发展。对企业的控制权随持股比例增加而增加，公司绩效也随之提高。在实际情况下，中国家族企业的两权分离程度很小，大部分企业创始人同时担任企业董事长和总经理，既是所有者又是经营者。通过适当比例持股，将家族与企业两个利益体紧密结合在一起，有利于降低代理成本，提升公司价值。

当创始人持股比例为（40%，100%]时，创业家族处于绝对控股的位置，不存在与之抗衡的大股东。在外部环境缺乏有力监督约束的情况下，创始人可能会利用其绝对控股地位，为追求自身或家族利益最大化，而损害其他股东（尤其是中小股东）的利益，最终导致其他股东投资的积极性受损，公司绩效也会随之降低。

对于不同行业，处于不同发展阶段的企业来讲，持股区间并不是绝对的，如温州正泰集团股份有限公司通过3次股权稀释，完成了向现代家族企业的蜕变，而创始人南存辉持股比例就位于（0，20%]。

2. 人事控制权的转移

无论家族企业选择何种融资途径，尤其是那些涉及股权稀释的方式，它们都不可避免地需要与外部的人力资源结合。这是因为随着金融资本的融入，企业往往会经历规模扩张、业务增长、技术升级以及经营范围的拓宽。在这样的情况下，家族内部提供的人力资源，特别是管理层的资源，往往无法满足需求。因此，整合新的管理资源，尤其是职业经理人资源，成为家族企业发展的一个关键任务。

企业的成长与其管理层资源的融合效率密切相关，尤其是职业经理人的整合对企业成长至关重要。家族企业将社会金融资本和人力资本结合起来，这是一个紧密相连的过程。随着家族企业打破只能依赖家族资金和亲情关系资金的限制，向非人格化的资本市场寻求资金支持，企业管理也逐步突破家族和亲情网络的限制，职业经理人开始逐渐掌握企业的经营控制权。

这种资本结构的变化不仅引起了企业产权制度的演变，也导致了企业治理结构的变革。企业资本不再由企业主及其家庭或家族成员独立拥有，而是变成了与他人共有；同时，企业的控制权也从企业主及其家庭、家族成员向职业经理人转移，以适应企业成长的需求和市场竞争的压力。这意味着，家族企业主需要不断优化和重新配置企业内部的控制权，以实现更高效的管理和运营。

随着家族企业在整合社会金融资本的同时突破了亲情关系的界限，其资本构成经历了显著的转变。原本封闭的家族股权结构逐渐开放，外部资本的注入不断稀释家族股份，甚至可能完全转变企业资本的所有权格局。进一步观察这一现象，我们可以发现，随着家族持股比例的降低和外来资本的介入，家族企业也在积极地与社会的人力资源，尤其是管理层资源进行融合。这一过程不仅仅是资本结构的开放过程，也是企业引进并整合新的管理资源的过程。

　　根据企业生命周期理论，在家族企业的创立和早期发展阶段，由于企业规模较小，业务和管理任务相对简单，因此管理职能通常由家族成员承担。在这种情形下，家族内部的高度信任关系有助于降低管理资源的整合成本，从而促进企业的快速成长。然而，随着企业规模的扩大，家族内部的管理资源逐渐不足以满足企业的发展需求。此时，引入职业经理人成为必然选择。

　　在这种情况下，与企业家有同乡、同学、同事或战友等关系的泛家族成员更容易获得企业家的信任，并被优先考虑担任管理职位。然而，泛家族成员与企业主之间的信任程度通常低于家族成员之间的信任程度，这导致了管理资源整合成本的增加和企业成长速度的放缓。此外，家族治理的内在矛盾以及泛家族成员的人力资本质量不高也可能进一步阻碍家族企业的发展。

　　企业发展到一定阶段时，不可避免地需要引入职业经理人。这些职业经理人拥有企业成长所需的专业知识和管理能力。随着企业规模的扩大，企业主及其家族成员，甚至泛家族成员依靠自己的知识和能力已不足以完全掌控企业，企业主必须逐步将经营控制权移交给这些职业经理人。这正是彭罗斯所讨论的企业成长中的资源约束问题。一些家族企业在成长过程中遇到管理资源的约束障碍，如果无法克服这些障碍，就可能面临破产和倒闭的风险。

　　在美国，实践案例充分展示了家族企业向公众公司转型的过程，凸显了引入人力资本对家族企业成长的重要性。然而，由于中西方文化差异，中国家族企业的所有者往往表现出强烈的集权倾向，不愿意与外部人员共享企业的所有权和经营控制权。这种倾向被认为是中国家族企业难以发展成类似美国大型企业的主要障碍（Fukuyama，2015）。随着泛家族成员和外部职业经理人的加入，企业内部的矛盾可能会增加，例如泛家族成员与家族成员之间，以及外部职业经理人与家族成员和泛家族成员之间的矛盾，这些都可能导致较高的交易成本。在这些情况下，企业的成长速度可能会放缓。

四、本章小结

本章在对家族企业各类控制权的配置以及供给约束分析的基础上，通过数理模型分析控制权在家族企业制度变迁中的作用模型和机制问题。家族企业作为一种特殊的企业组织形式，其内部存在着复杂的家族关系和企业治理结构。控制权则是指对企业战略方向、资源配置和日常经营管理的决策权。在家族企业中，控制权往往由家族成员掌握，这既体现了家族对企业的控制和影响，也决定了家族企业在制度变迁中的特殊性和复杂性。

控制权在家族企业制度变迁中发挥着重要作用。随着家族企业的发展和外部环境的变化，原有的制度结构可能不再适应新的发展需求。此时，控制权的调整与转移成为推动制度变迁的关键，控制权的作用力可以从对核心要素的价值共享、内部辐射作用和孵化能力三方面来界定。通过调整控制权的配置，家族企业可以引入外部资源、优化治理结构、提高决策效率，从而适应市场变化并实现可持续发展。

在控制权转移的过程中，时间和比例的选择尤为关键。过早或过晚进行控制权转移都可能影响企业的稳定和发展。同时，对控制权转移的比例也需要根据企业的实际情况和家族成员的意愿进行权衡。过高的转移比例可能导致家族失去对企业的控制，而过低的转移比例则可能无法达到预期的改革效果。

　　此外，控制权在家族企业制度变迁中的作用还受到多种因素的影响。例如，家族文化、家族成员的素质和能力、外部环境的变化等都可能对控制权的配置和调整产生影响。因此，在探讨控制权在家族企业制度变迁中的作用机制时，需要综合考虑多种因素，形成全面而深入的分析。

　　综上所述，控制权在家族企业制度变迁中发挥着核心作用。我们通过深入研究控制权的作用机制，可以更好地理解家族企业的制度变迁过程，为家族企业的健康发展提供理论支持和实践指导。未来研究可以进一步关注控制权转移的具体路径和策略，以及如何在保持家族控制的同时实现企业的现代化和专业化治理。同时，我们也需要关注外部环境变化对家族企业控制权配置的影响，以及家族企业如何适应这些变化并推动制度创新。

CHAPTER 6

第六章　家族企业制度变迁中控制权作用实证及案例分析

一、研究设计

（一）样本选择与数据来源

根据中国对上市公司监管的相关要求，自 2003 年起企业被要求在年度报告中披露控股股东和实际控制人情况，自 2004 年起还需要强制披露实际控制人对上市公司的控制结构。数据包括但不限于国泰安 CSMAR 数据库中的家族企业数据和中国家族企业研究数据库（Chinese Family Firm Research Database, CFFD）中的家族企业数据。它们是为了对中国上市公司家族企业进行调查和研究而建立的专业数据库，为推动中国家族企业的发展提供了数据资源，同时也为开展相关科学研究奠定了基础。但这些数据都是围绕大型上市公司来展开的，而目前国内绝大多数的家族企业仍然以中小企业为主，亟须围绕中小企业的制度变迁来进一步开展研究。

基于此，本书选择家族企业比较发达的省份之一——浙江省作为研究样本，在企业的选择上以（1）实际控制人是一个自然人或某个以血缘、姻缘为联结的家族；（2）有两个或两个以上家族成员在该企业或者关联公司任职为标准，对纺织、服装、五金、家具、食品、餐饮、商务服务等行业进行走访调查。根据要素控制权的分类，采取在线问卷、访谈的形式与185家企业相关人员交流，获取家族企业控制权指标体系的构建及细分的原始资料。在资料收集过程中采用了主观与客观结合的方法，结合经营财务等客观数据，利用七分制李克特量表（Likert Scale）将被访谈人员的主观感受分为7个等级，力求资料收集的有效性最大化。经整理，共回收有效资料169份，有效率达91.4%。

（二）变量定义与测量

根据对家族企业的定义以及控制权在家族企业运营中发挥的作用，本书分别从资本控制权、人事控制权、市场控制权、核心技术控制权和文化控制权五个维度来构建控制权管理的指标体系。本书遵循严谨性、系统性和数据可获得性等原则，在归纳综合相关文献的基础上，结合企业的访谈记录，综合考虑家族企业独有的特点，同时广泛听取相关学者的意见，反复研讨，最终确定控制权体系指标，包括20个三级指标。各指标的解释分别从主观和客观的角度出发，具体如表6.1所示。

表6.1 控制权分级指标体系

一级指标	二级指标	三级指标	指标解释
家族企业控制权	资本控制权（C）	企业规模（C_1）	以拥有总资产的自然数值来衡量
		资本结构（C_2）	以资产负债率（LR）来衡量，LR= 负债 / 资产
		股权结构（C_3）	企业主五等亲内成员持有股份所占总股份的比例
		股权控制度CZ（C_4）	公司大股东持股比例与小股东持股比例的比值为股权控制度（CZ）。CZ越大，股权的竞争性越强；CZ越小，股东的控股程度越高
		Z指数（C_5）	第一大股东持股份额与第二大股东的比值（L_1/L_2）。Z值越大，第一大股东的权力越大，主导公司经营管理的控制权也越大；Z值越小，其他股东参与公司治理的积极性越高

续表

一级指标	二级指标	三级指标	指标解释
家族企业控制权	人事控制权（H）	创业家族成员占员工总数比例（H_1）	企业主五等亲内成员占员工总数比例
		接班人选择（H_2）	企业代际传承选择，内部人或职业经理人
		董事长和总经理设置情况（H_3）	二者兼任或相互独立
		授权程度（H_4）	授权程度反映的是家族企业主将权力下放给下属的程度，本书以七分制李克特量表进行测量
	核心技术控制权（T）	技术人员里创业家族成员所占比例（T_1）	核心技术员工里企业主五等亲内成员所占比例
		企业生产化率（T_2）	以产品的核心技术所有权为中心，衡量企业是否掌握核心自主产权，采用加权方法[①]计算
		发明专利数量（T_3）	企业拥有专利的数量
	市场控制权（M）	销售收入（M_1）	企业财务报表确定的年终销售收入
		壁垒系数[②]（M_2）	衡量企业 A 进入企业 B 所占有市场的难易程度，用 i 表示
		赫芬达尔–赫希曼指数（M_3）	用某特定市场上所有企业的市场份额的平方和来表示，$HHI = \sum_{i=1}^{n}\left(\frac{X_i}{X}\right)^2$，其中 $\frac{X_i}{X}$ 表示第 i 个企业的市场占有率
		市场信息化水平（M_4）	企业网络宣传、电子商务开展情况

① 假定某产品由 n 个零部件组成，每一零部件的权重为 X_i（$i=1,2,...,n$），企业自身生产的零部件共 k 个，则企业生产化率 $= \dfrac{\sum_{i=1}^{k}X_i}{\sum_{i=1}^{n}X_i}$。

② $i =$ 销售价格 ÷ 平均费用。当 $i > 0.1$ 时，新企业难以进入的行业，是高壁垒产业；当 $0.06 \leq i < 0.08$ 时，新企业仍难以进入的行业，是较高壁垒产业；当 $0.04 < i < 0.06$ 时，新企业仍难以进入的行业，是中壁垒产业；当 $0.01 < i < 0.02$ 时，新企业容易进入的行业，是低壁垒产业。

续表

一级指标	二级指标	三级指标	指标解释
家族企业控制权	文化控制权[1]（W）	产品形象（W_1）	员工对企业产品质量、特色、式样、品质、包装等外在形象和特征的认同度
		企业家行为（W_2）	员工对企业家决策力、领导力、执行力的认可度，员工对企业家决策力、领导力、执行力的认可度
		员工对文化的认同度（W_3）	对企业理念、价值、风格等的认同度
		企业团队精神（W_4）	员工对企业团队精神的认同度

二、实证分析

为了验证控制权在家族企业制度变迁过程中的作用关系，本书基于SPSS26 软件，采用因子分析方法（Factor Analysis），将彼此可能存在相关关系的变量转换成较少的、彼此不相关的综合指标（卢纹岱，2006；李红，2008），这样就能有效地对上述三级指标进行集中化处理。

（一）KMO 和 Bartlett 的检验

由于原始数据的量纲不同，所以在计算之前须进行标准化处理，即用原变量减去其均值再除以其标准差，以消除量纲的影响，本书指的数据标准化是指 Z 标准化，记为 $X = (X_{ij})_{n \times m}$，其中，$n$ 为样本数，m 为指标数。再进行可行性的 KMO 和 Bartlett 检验（见表 6.2）。

---

① 以七分制李克特量表进行测量。

表6.2　KMO 和 Bartlett 的检验

KMO 和 Bartlett 的检验		
取样足够的 KMO	度量	0.616
Bartlett	Approx. Chi-Square	549.361
	df	190
	Sig.	0.000

KMO 检验用于检验变量间的偏相关系数是否过小。在一般情况下，KMO<0.5 时，不适宜做因子分析。由表 6.2 可知，KMO 检验结果是 0.616>0.5，比较适宜做因子分析。Bartlett 检验用于检验相关系数矩阵是不是单位矩阵，该检验的原假设是各个变量都是相互独立的，从表 6.2 中可以看出 Bartlett 检验的 Sig. 取值为 0.000，表示拒绝原假设，各个变量不是相互独立的。

（二）主成分分析

表 6.3 是主成分列表，表中列出了所有的 20 个主成分，并且使其按照特征值的大小依次排列。从表中可以看出：第一主成分特征根为 7.402，方差贡献率为 37.009%；第二主成分特征根为 3.535，方差贡献率为 17.674%；前 5 个主成分特征根都大于 1，且主成分的累计贡献率达到 78.296%，接近 80%，故选出前 5 个因子。

表6.3　主成分列表

成分	初始特征值			提取平方和载入		
	总计	方差的百分比 /%	累计 /%	总计	方差的百分比 /%	累计 /%
1	7.402	37.009	37.009	7.402	37.009	37.009
2	3.535	17.674	54.683	3.535	17.674	54.683
3	2.115	10.576	65.259	2.115	10.576	65.259

续表

成分	初始特征值			提取平方和载入		
	总计	方差的百分比 /%	累计 /%	总计	方差的百分比 /%	累计 /%
4	1.546	7.729	72.989	1.546	7.729	72.989
5	1.061	5.307	78.296	1.061	5.307	78.296
6	0.988	4.938	83.233			
7	0.875	4.376	87.609			
8	0.697	3.485	91.094			
9	0.459	2.294	93.388			
10	0.285	1.425	94.813			
11	0.267	1.334	96.147			
12	0.202	1.011	97.158			
13	0.133	0.667	97.825			
14	0.122	0.610	98.435			
15	0.111	0.556	98.991			
16	0.077	0.387	99.378			
17	0.057	0.284	99.661			
18	0.036	0.178	99.839			
19	0.021	0.107	99.947			
20	0.011	0.053	100.000			

表 6.4 为主成分得分系数矩阵，通过此表可以把主成分 F 表示为各个指标变量的线性组合。

$$F_1=0.138X_1-0.159X_2+0.020X_3+\cdots-0.033X_{20}$$
$$F_2=0.006X_1+0.291X_2-0.301X_3+\cdots+0.008X_{20}$$
$$F_3=0.019X_1+0.024X_2+0.008X_3+\cdots+0.232X_{20}$$
$$F_4=0.038X_1+0.139X_2+0.164X_3+\cdots-0.066X_{20}$$
$$F_5=0.065X_1-0.035X_2+0.226X_3+\cdots+0.088X_{20} \tag{6.1}$$

表6.4　主成分得分系数矩阵

三级指标	得分				
	1	2	3	4	5
企业规模	0.138	0.006	0.019	0.038	0.065
资本结构	−0.159	0.291	0.024	0.139	−0.035
股权结构	0.020	−0.301	0.008	0.164	0.226
股权控制度	0.022	−0.259	0.008	0.047	0.132
Z 指数	0.083	−0.284	−0.008	0.096	0.052
创业家族成员占员工总数比例	−0.005	−0.006	0.052	0.495	−0.192
接班人选择	−0.065	−0.060	0.101	−0.189	0.451
董事长和总经理设置情况	0.004	0.041	0.015	−0.461	−0.062
授权程度	0.005	0.104	−0.053	0.086	0.187
技术人员里创业家族成员所占比例	0.011	−0.094	−0.037	−0.027	0.567
企业生产化率	0.123	0.020	−0.037	0.094	0.051
发明专利数量	0.107	0.043	−0.034	0.054	−0.037
销售收入	0.195	−0.111	−0.011	0.079	0.128
壁垒系数	0.258	−0.045	0.034	−0.175	−0.330
赫芬达尔—赫希曼指数	0.283	−0.138	0.011	−0.097	−0.104
市场信息化水平	0.151	−0.021	−0.016	0.036	0.089
产品形象	0.003	−0.024	0.255	−0.004	−0.007
企业家行为	0.023	−0.007	0.257	0.140	−0.207
员工对文化的认同度	−0.023	−0.002	0.269	0.040	−0.019
企业团队精神	−0.033	0.008	0.232	−0.066	0.088

由表6.4可以看出：第一主成分在正值的载荷上有近似的分布，如股权结构、股权控制度的载荷反映了各控制权对企业核心要素的共享能力；第二主成分在变量上负载荷较多，我们可认为这个主成分度量了企业内控制权之间的内部辐射作用；第三主成分的载荷在文化控制上分布均衡，尤其以员工对文化的认同度载荷最大，体现了软实力对控制权增长能力的影响；第四主成分在创业家族成员占员工总数的比例上具有很高的正载荷，而董事长

和总经理的设置情况有很高的负载荷，第四主成分可被用于分析控制权的孵化能力；第五主成分在接班人选择和技术人员里创业家族成员所占比例上有很高的正载荷，二者又体现了企业对竞争力的提升，故第五主成分可被称为竞争能力因子。因此，家族企业控制权的作用关系主要包括 5 个主能力成分，即控制权共享能力成分（X_1），控制权辐射能力成分（X_2），控制权增长能力成分（X_3），控制权孵化能力成分（X_4），控制权竞争能力成分（X_5）。

为了进一步分析上述 5 个主能力因子体现的控制权关系在家族企业制度变迁过程中的本质表现，本书分别从 5 个主能力因子中选择 1 个代表性指标，分别为股权控制度（x_1）、授权程度（x_2）、员工对文化的认同度（x_3）、企业生产化率（x_4）、赫芬达尔－赫希曼指数（x_5），并对这 5 个指标的历史数据进行多元线性回归分析。

$$Y = \partial_0 + \partial_1 x_1 + \partial_2 x_2 + \partial_3 x_3 + \partial_4 x_4 + \partial_5 x_5 \qquad (6.2)$$

笔者通过逐步筛选法，将回归过程中 F 检验的概率小于 0.05 的自变量引入回归方程，将概率大于 0.1 的自变量剔除回归方程，可以得出回归模型待定系数的具体数值，如表 6.5 所示，根据表中的 t 值和 Sig. 值，我们可以得到多元线性回归方程通过显著性检验，由回归系数表可以得到控制权作用关系的方程为

$$Y = 0.469 + 0.507 x_1 + 0.362 x_2 + 0.423 x_3 + 0.480 x_4 + 0.302 x_5 \qquad (6.3)$$

表 6.5　多元线性回归系数

项目	非标准化系数		t	Sig.
	系数	非标准误差		
常数	0.469	0.015	0.871	0.388
股权控制度	0.507	0.113	0.418	0.044
授权程度	0.362	0.008	1.086	0.291
员工对文化的认同度	0.423	0.101	0.422	0.013
企业生产化率	0.480	0.067	0.729	0.036
赫芬达尔－赫希曼指数	0.302	0.110	0.153	0.025

由式 6.3 可以看出，x_1、x_3、x_4 的系数分别为 0.507、0.423、0.480，这三项的系数都大于其他指标的系数值。因此，在浙江省家族企业的制度变迁过程中，控制权共享能力、控制权辐射能力、控制权孵化能力三者为主因子，起决定性作用，这与上述理论分析的结果保持一致。

三、案例分析

（一）企业背景

九州通医药集团股份有限公司（简称九州通）是中国药品流通行业的龙头企业，于 2010 年 11 月 2 日在上海证券交易所挂牌上市。其主要经营产品包括中药、西药和器械；主要客户包括医疗机构、批发企业、零售药店等。在 2019 年中国服务企业 500 强的榜单中，九州通排名第 87 位（朱熙，2023）。

九州通的创办人年事已高，已难以承受高强度的工作，九州通不得不寻求新的掌舵人。当一个家族企业壮大到一定规模时，它对管理运营、研发创新、市场分析和内部管理等各个方面所需的资源也日益增加。而老一辈创始人的思维模式和管理方式可能无法跟上市场的快速变化。若企业缺乏足够的实力，无法转变为一家强大的机构，市场的集中度将迫使家族企业进行结构性的改变。值得庆幸的是，九州通已经顺畅地完成了领导层的交替过程。在 2020 年，九州通进行了董事会的更新换代，开启了新的发展阶段。

随着医药行业在过去几十年的剧烈演变，企业面临的发展道路和挑战越发复杂多变。自 2015 年国务院发布《关于改革药品医疗器械审评审批制度的意见》起至 2018 年 5 月，相关医药改革的文件、规章和意见累计达到了 250 项，平均每 4 天便有新政策出台。这一时期，中国医药行业经历了前所未有的变革，进行了深刻的整顿，以期与国际标准接轨，并吸引了全世界的关注。

在医药行业的激烈竞争中，九州通作为一家民营企业，在成长的道路上面临着巨大的挑战。中国医药市场有四大知名企业：国药控股、华润医药、上海医药和九州通。这些企业以其庞大的流通网络、零售规模和加工能力，引领着行业的发展方向。与其他三家国有企业相比，九州通作为民营企业，在资金、资源和政策支持方面存在天然的劣势。为了缩小这一差距，并有效应对来自行业领头羊的竞争压力，九州通采取了积极的策略调整。九州通着手引进外部经验丰富的经营人才和职业经理人，以期刷新和升级企业的发展战略。这些举措不仅有助于提升公司的竞争力，还推动了企业管理现代化，加速了家族企业向专业化管理的转变。

通过这样的战略调整，九州通旨在巩固其在医药行业中的地位，并在未来的发展中找到独特的竞争优势。这不仅是一次对内的深刻变革，也是一次中国民营企业韧性和创新能力的生动体现。九州通的努力，无疑为中国医药行业的发展注入了新的活力，同时也展现了中国医药企业在全球化竞争中不断进取的决心。

观察九州通的总资产增长轨迹，我们可以看到企业规模的稳步扩张：2018 年的资产规模（667 亿元）是 2014 年（241 亿元）的 2.7 倍；同时，总负债也随之增加，2018 年的负债额是 2014 年的 2.84 倍。发生这一变化主要是因为，由于受到"两票制"、"营改增"、带量采购以及新版《药品经营质量管理规范》（GSP）等政策影响，药品流通企业面临着并购、重组、转型甚至退市的挑战，这些政策推动了医药行业的结构优化和市场集中化趋势，市场竞争越发激烈。为适应市场的演变，九州通通过不断收购和建设子公司来提升市场份额，导致资产规模和负债均大幅增长。在此种形势下，在 2019 年的年度报告中，九州通披露了其面向未来的发展战略，将 2020—2022 年定为新的战略发展期，主题为"专精医药配送、优化产品营销、创新互联网服务、实现稳健而高质量的发展"，目标是将九州通从一个传统企业转变为一个平台化、数字化、创新型的企业。要实现这一目标，公司管理层需具备更加年轻化、职业化、专业化和国际化的特质，并且要有更长远的发展视角。

（二）企业制度变迁的模式选择

1. 渐进式制度变迁

在家族企业的转型期中，至关重要的环节是精心策划和实行经营权与所有权的合理重构。企业面临的挑战在于如何重新配置权力结构，确保既能有效达成经营目标，又能预防潜在风险，从而保障企业资产的持续稳定增长。根据创始人对权力分配和企业控制力度的调整方式，家族企业的制度变迁可以分为两种典型模式：一种是彻底的变革方式，另一种是渐进温和的变革方式。

在制度转型的路径选择上，九州通采取了一种渐进温和的改革策略，谨慎地分步骤执行变革。2020年11月，九州通举行了第五届董事会的首次会议，此次会议以现场形式召开，标志着九州通正式启动了制度改革的新纪元。在这一重要的转折点上，九州通的创始人刘宝林和刘树林兄弟宣布退休，分别担任公司的名誉董事长和名誉副董事长。与美的集团创始人何享健的彻底放权不同，刘宝林计划在未来两到三年内逐步完成权力交接，确保年轻一代能够稳健地接管企业，实现领导层的平稳过渡。

董事长的重任落在了80后刘长云身上，而刘宝林的长子刘登攀则被任命为副董事长。除了刘兆年和刘登攀，新一届董事会成员均与实际控制人无直接亲属关系，这一安排体现了公司在新旧交替和传承中的智慧，旨在推动公司向更加专业化和年轻化的方向发展，同时确保了制度变迁的稳定性和连续性。通过这样的换届方案，九州通不仅展现了对传统与创新融合的尊重，也彰显了企业在稳定中寻求进步的决心，为未来的发展奠定了坚实的基础。

2. 两权分离，引进职业经理人

在家族企业进行制度变迁时，关于经营权与所有权分离，可以有三种主要形式。首先，有些家族企业可能采取彻底的职业化管理，将日常经营和管理事务完全交由职业经理人负责，而家族成员则在某种程度上保留企业的所有权，但不直接参与管理。其次，有些家族企业可能选择在股权层面进行改革，允许非家族成员购买或继承部分股份，但家族创始人依然保留关键的经营和决策权力，以保持对企业的影响力。最后，还有一种方式是，家族企业将所有权也转移给外部人士，家族成员不保留任何经营权，这意味着家族对企业的日常运营和长远规划均不再直接介入。这三种模式各有特点，家族企业在选择时需考虑企业自身的发展阶段、家族愿景以及长远的战略目标，以确保变革能够促进企业的持续发展和繁荣。

在企业治理结构的革新中，九州通采取了一种鲜明的"职业经理人领导"模式，将家族控制与日常经营职能划分得很清晰。这种制度安排确保了企业运营的专业性和效率，同时刘氏家族通过控股仍旧对公司拥有重大影响力。刘宝林兄弟三人共同持有的股份占到了公司总股本的近半数，并且刘宝林保留了对公司关键决策的否决权，从而确保了家族对企业长远方向的掌控。刘宝林的儿子刘登攀在公司内部担任职务，但并未在此次制度变迁中直接升任至掌舵者的位置，也不持有公司股份。他主要致力于推动公司的总代理业务和工业部门的发展。刘登攀本人也表达了对现有管理层的支持，认为目前的分工有助于公司的长远发展。

新任命的董事长刘长云，作为公司的法务风控审计总监，是九州通从外部引进的专业人士，与创始人无血缘关系。他的选拔基于其扎实的教育背景和创新潜力，以及在九州通短短三年内便解决了一系列复杂问题的能力，如优化了长期困扰公司的应收账款结构和建立了一套有效的风险控制体系。刘长云的专业能力和工作业绩得到了公司高层的认可，因此他被视为能够带领九州通迈向新阶段的理想人选。

此外，本次高层调整还涉及其他资深的职业经理人。例如龚冀华，他成功打造了九州通的医疗器械部门，并为其快速增长做出了巨大贡献，现被委任为器械集团的董事长，肩负着将该板块推向资本市场的使命。又如经验丰富的前业务总裁刘义常，被任命为九州通的总经理，他在公司服务超过20年，其以出色的商业洞察力和创新的工作方法著称，在他的领导下，湖北和河南子公司均取得了令人瞩目的业绩。

九州通在其制度变迁的征途上，为职业经理人提供了施展才华的平台和机会，这样的人才布局不仅促进了内部的健康竞争，也为公司的持续创新和成长注入了活力。

3. 基于内部管理的控制权转移

家族企业在面临市场外部环境的变化以及内部经营差异时，往往会根据自身的业绩要求和战略目标，选择不同的制度变迁路径。这些路径可能包括管理层面的调整、财务结构的优化，甚至在必要时采取企业清算等退出机制。家族企业的绩效目标差异，正是导致它们在制度变迁过程中采取多样化策略的根本原因。

在九州通的案例中，公司采取了基于管理的退出策略。这一策略有助于减少家族成员对企业运营的直接干预，从而降低家族因素对企业发展的潜在负面影响。为了实现这一目标，九州通与国内一家知名投资银行合作，设计了一套符合公司特色的家族信托规则。在这一规则下，公司的继承者将成为家族信托的受益人，而非直接的股权持有者。

中国的家族信托制度在 2019 年年底得到了最高人民法院的进一步明确，其风险隔离功能得到了确认。这意味着信托财产在法律上独立于委托人、受托人和受益人的个人财产，因此，即使受益人因个人债务或经营问题破产，也不会影响到信托财产。这种安排具备风险隔离和合理规避风险的功能，保护了家族资产的完整性，还提供了一种灵活的代际传承方式。

通过家族信托基金的方式传承公司股权，九州通实现了股权的柔性传承，同时保持了家族资产的完整。这种结构的设计使得公司的决策权、经营控制权和监督权得以分离，有助于提高公司治理的透明度和效率。尽管刘宝林表面上放弃了部分个人权利，但他仍然通过家族信托基金保持着对集团的绝对控股权，在确保公司长期稳定发展的同时，也为未来的接班和转型奠定了坚实的基础。

（三）企业微观制度安排的原因

1. 企业规模不断扩大

中国家族企业在成长初期，普遍采取了将所有权与经营权结合在一起的运营模式，这种单一的产权结构限制了企业规模经济的实现。根据诺斯的理论，内部化外部性是企业通过规模经济获利的关键手段，这意味着无论何种形式的制度设计，都需不断创新以提高效率。如果企业的资本仅在家族内部流通，这将导致资本流动受限，进而限制企业规模的扩张，阻碍企业实现规模经济并享受其潜在利益。

鉴于中国家族企业目前的发展阶段，大多数企业采用的所有权和经营权相结合的体制难以捕捉到潜在的利润。要克服这一障碍，必须改革现行的产权体系，引入多元化的产权结构。通过这种方式，家族企业可以打破资本的局限，拓宽融资渠道，促进企业规模的扩张，并充分挖掘规模经济的潜力。

2. 吸收外部优秀人力资源

家族企业的一个典型特点是，家族成员不仅以股东身份持有企业的所有权，而且由于担任关键职位，他们还拥有重大决策和管理的权力。这样的治理结构往往难以对家族成员可能存在的利用控制权和管理权进行个人利益最大化的行为进行有效监督。这种状况可能会影响企业绩效评估和薪酬激励制度的公正性，导致非家族员工难以根据个人成就获得相应的奖励，从而可能抑制他们的工作热情，增加人才流失的风险。

九州通作为医药行业的重要参与者，已经获得了相当的市场份额，并取得了良好的经济效益。然而，随着市场竞争的加剧和政府宏观调控政策的频繁干预，长期家族化的经营模式开始暴露出局限性，管理层中的家族成员在制定企业发展战略和决策方面的能力受到挑战，人才短缺的问题日益凸显。

在制度变迁的过程中，企业可以通过下放管理权限来激发员工的潜力。虽然职业经理人和中基层员工无法具备制度变迁前家族成员所享有的利益分配优势，但他们的工作业绩和绩效评估在决定薪酬激励方面的作用变得更大。只要他们能够有效地完成职责，就能获得相对公平的利益分配。因此，制度变迁对于吸引家族外部的人才具有积极作用，这也是九州通推动制度变迁的一个重要原因。通过这种方式，公司能够更有效地调动非家族成员的积极性，为公司的长远发展注入新的活力。

3. 提升内部控制水平

在中国，家族企业对外的产权划分通常较为明确，然而内部的产权界限却往往模糊不清。在企业成立初期，家族成员齐心协力共同经营，很少会对彼此间的产权进行明确划分。但随着企业的发展，内部产权不明确导致的纠纷开始显现，家族成员间的矛盾逐渐显现，原本的血缘关系也开始受到经济利益的影响。在这种情况下，交易成本会显著增加，家族成员之间可能会要求明确产权归属，以减少因纠纷而产生的交易成本，这也推动了产权制度的演变。

长期以来，九州通的内部控制体系存在缺陷，尤其是在家族成员的权力控制方面。家族成员往往能够利用其身份，绕过公司的管理规定，获得业务审批或财务操作的授权，这对企业的风险控制和经营效益产生了负面影响。在职责分工方面，许多家族成员同时担任多个重要职位，经常出现自己作为风险控制负责人审批自己所在投资部门的情况，这种既当"运动员"又当"裁判"的现象，对九州通进行科学合理的内部管理不利。

此外，对于九州通来说，书面文件的规范流转和业务记录的保存是内部控制的两大关键点。然而，家族成员由于具备特权地位，往往忽视文件流转的规范性，文件有时甚至未经中间审批环节就直接得到管理层的签字。而业务记录的松散管理，从根本上破坏了内部控制体系的完整性，这对非家族员工的正常工作和对公司管理制度的遵守造成了干扰。

4. 优化薪酬激励机制

在中国家族企业中，产权安排通常呈现出一种典型模式：企业主作为家族成员拥有企业的全部剩余利润，而受雇的员工仅能获得固定工资。这种制度设计在物质资本相对稀缺、人力资本较为充足的环境下可能更为适宜。然而，不同生产要素在不同时间对企业产出的贡献是变化的。在现代经济体系中，企业的长期发展不仅取决于物质资本的多寡，还受到人力资本质量的影响。随着人力资本的变化，要素之间的价格关系也会相应调整。当这些变动需要在产权结构中得到体现时，就会催生对现有制度进行改革的需求。

作为家族企业的九州通，在人力资源管理方面面临的一大挑战是难以实施一个既合理又公平的薪酬激励体系。一方面，家族成员的薪酬通常高于其他处于相同职位的非家族员工，且家族成员享有的福利待遇也远超过非家族员工。另一方面，由于家族成员通常占据管理层职位，他们对于员工的绩效评估有最终的决定权，这导致即使是在实际绩效评价中表现平平的家族成员，最终也能获得较高级别的薪酬奖励。这种缺乏公平性的薪酬激励机制对九州通的人力资源管理造成了显著的负面影响。

随着制度的改革，家族成员的管理权力被稀释，非家族员工在绩效评估中获得了更加公正的对待，薪酬激励机制也因此变得更加合理和公平。这样的变革使得薪酬管理以及整个人力资源管理体系得以更加顺畅地运行，有助于提升公司的整体运营效率。

（四）企业制度变迁的绩效分析

九州通通过一系列的制度改革，实现了从"创一代"到"药二代"的传承，制度变迁的效果如何，最直接的反馈指标就是企业的财务信息。财务分析可以为企业的所有者、投资者、经营者以及关注企业的单位和个人提供可靠的数据和信息，它可以帮助企业更好地了解自身财务状况，准确衡量企业经营业绩，及时发现潜在问题并进行改善，预测未来发展趋势，为投资者提供可靠的投资决策依据，有助于他们进行投资决策。

表 6.6 反映了九州通 2018—2022 年各项财务指标的变化情况，总体而言，在进行内外部的各项改革后，公司整体效益不断向好。自 2018 年起，九州通的净资产收益率显示出波动性的增长趋势。到了 2020 年，公司的主营业务实现了稳健的增长，这得益于公司总代理和总经销业务、医疗器械等业务的快速扩张；同时，公司的营业收入和净利润也持续提高。此外，随着融资成本的降低和减税降费政策的逐步生效，公司的管理措施也在不断加强，这些积极因素共同推动了 2020 年度公司业绩的显著增长。

表6.6　九州通2018—2022年各项财务指标情况对比

年份	净资产收益率/%	基本每股收益/元	速动比	资产负债率/%	应收账款周转天数/天	存货周转率/%	营业收入/亿元	净利润/亿元
2018	7.26	0.73	0.89	69.43	71.93	6.11	871.36	13.82
2019	9.21	0.94	0.90	69.12	78.93	6.49	994.97	17.82
2020	14.09	1.60	0.92	68.31	77.92	7.00	1108.60	33.85
2021	10.46	1.27	0.92	68.50	75.71	7.43	1224.07	26.08
2022	8.98	1.08	0.98	68.91	69.20	7.91	1404.24	22.86

　　在2022年，九州通的净利润较上年同期有所下降，这与由公司持有的爱美客技术发展股份有限公司股票价格波动导致的公允价值变动等因素有关，这些因素构成了非经常性损益。基本每股收益的增长反映了公司的盈利能力逐渐增强，随着经营业绩的提升，股东们能够获得更多的投资回报，这也显示了制度变迁对九州通盈利能力的正面影响。作为医药流通行业的一员，九州通的业务规模较大，对资金的需求相对较高，因此可被归类为资金密集型企业。尽管如此，公司多年来一直将资产负债率控制在70%以内，考虑到行业特点，这一水平是合理的。

　　自2020年起，九州通启动了一系列制度变革，实施了为期三年的发展战略，致力于向职业化管理转型。公司加大了在数字化转型、创新业务和创新模式上的投资力度，旨在构建医疗健康行业的全品类、全渠道、全场景的数字化分销与供应链服务体系。在同一时期，医药行业遭遇了新冠疫情的严格管控、药品出口限制、物资出口减少以及疫情期间的税费减免和抗疫低息贷款等政策利好的消失等多重挑战，行业平均净资产收益率出现波动性下降。

　　对比其竞争对手的净资产收益率整体大幅下降，九州通的净资产收益率整体呈现上升趋势。面对复杂严峻的外部环境，九州通仍能有效把握机遇，使净利润保持高于行业平均水平。这一结果表明，制度变迁对九州通整体业绩水平的提升起到了积极作用。

四、本章小结

从家族企业的控制权出发，本章选择浙江省内的中小企业作为调研样本，采用主观感受和客观统计的方法，利用三级指标测量家族企业的内部控制权。利用因子分析方法，对 20 个三级指标进行降维处理，根据 KMO 和 Bartlett 的检验结果，进行主成分分析，选择主成分的累计贡献率较大的因子进行多元线性回归分析，得出在家族企业制度变迁过程中企业内部的控制权作用机制表现为控制权共享能力、控制权辐射能力、控制权孵化能力。在此基础上，本章选择具体企业作为案例，分别从企业制度变迁的模式、原因及绩效方面展开，进而从实践上支撑了之前的理论分析，进一步深化和丰富了控制权在家族企业制度变迁过程中的应用场景。

CHAPTER 7

第七章　家族企业制度变迁路径和选择研究

一、家族企业制度变迁的方向

从目前的情况来看，一般的家族企业在发展到一定程度之后，通常会遇到两方面的问题：一是如何能够顺利实现代际传承，保障企业的基业长青；二是当企业面临各种经营困难时，家族系统如何能更好地保护企业系统顺利渡过难关，保障控制权的让渡，但又不至于丧失对企业的控制。

为了实现持久、稳定发展，企业需要努力增强信誉，提升品牌形象，培养积极的企业文化，并尽可能地增加企业价值。这有助于强化企业的综合实力和市场竞争力。最直接的做法是通过投资，在各个领域加大资本的投入。从这个角度看，家族企业必须探索多种融资途径，从而克服资金不足的问题，堵上阻碍企业发展的资金缺口。

考虑到当前的宏观经济环境，不是所有家族企业都必须转型为非家族企业。家族企业在经济体系中占有重要而不可或缺的地位。然而，在现代经济不断发展的背景下，家族企业迫切需要通过建立多元化的融资渠道来扩大资产规模，从而增强竞争力。家族企业需要进行现代转型，主要融资手段包括利用社会人力资源、财务资源、文化资源以及社会网络资源等。

对于这些不同类型的资本整合，公开上市和发行股票是一种极其有效的方法。这不仅能够有效集聚股市中分散的资金，还能借助股权监督机制提高家族企业的管理和规划水平。这样企业就可以通过引入外部市场资金来创造增长机会，并增强其整体竞争能力。实际上，全球范围内许多大型家族企业都经历了这种转型过程，从传统的家族企业演变成股份制企业，以获得更优越的发展条件。

但在中国存在的众多民间小型家族企业通常还在依靠传统的模式经营。尽管现代科技的进步使得这些企业有可能在一定程度上将传统工业与新技术、新机器结合起来，但随着企业规模的不断扩大，旧有的管理和商业模式越来越难以适应新的经济环境。这使得它们在激烈的市场竞争中难以增强自身的竞争力并稳健发展。家族企业的家族式管理往往是制约其发展的主要因素。一旦企业的模式限制了其发展，其要持续生存就会变得困难。然而，一些大型家族企业依然能够有效地管控巨额资本和资金。这是因为它们抓住了转型的机遇，通过有效的改革和融资手段，构建了更加有利于生存和发展的商业模式。

因此，家族企业的制度变迁可以围绕以下几方面来开展。首先，产权制度的创新是家族企业制度变迁的基石。通过引入外部资本、稀释家族股权、实现产权多元化等方式，家族企业可以消除壁垒，增强企业的活力和竞争力。其次，管理模式的转变是家族企业制度变迁的关键。家族企业需要逐步摆脱传统的家长式管理，建立现代公司治理结构，引入职业经理人，提升决策的科学性和有效性。最后，企业文化的开放和包容是家族企业制度变迁的重要方向。通过引入外部优秀人才、加强员工培训和教育等方式，家族企业可以塑造开放、包容的企业文化，激发员工的创新精神和归属感。

二、不同主体和生命周期下家族企业的制度变迁选择

（一）不同主体主导的制度变迁

1. 家族企业自发的诱致性变迁

中国实行市场经济已超过 30 年的时间，逐步形成了以"企业为主体，政府为主导，改革为主线"的发展格局。生存的压力有时可以转化为推动发展的动力。在压力的刺激下，家族企业将挑战转化为机遇，增强创新意识，并改革其组织结构，以更好地适应当前的社会体系，从而提高生产效率。当企业发展遇到瓶颈，且短期内难以实现更多盈利时，它们会积极地启动改革和创新，以确保企业能够动态地、稳定地发展，这显著提高了管理过程中对错误的容忍度。

随着家族企业的迅猛发展，企业主逐渐认识到，个人能力提升的速度与企业成长的步伐不一致，这可能限制了企业的发展潜能。家族企业的特点和信息获取的限制意味着企业主需要通过结合实践经验和学习新知识来逐步改进管理和制度创新。尽管这种改变无法立即大幅提升企业的综合实力，但家族经验的积累和后代素质的提高将在管理实践和成本控制方面为企业带来优势，从而降低制度执行成本并创造有利于企业自身发展的外部条件。这种基于经验积累的渐进式变革与创新适合家族企业的成长环境，它所积累的宝贵经验和知识为企业的长期持续发展奠定了坚实基础，并增强了家族企业的综合竞争能力。

家族企业在不立即冲击现有体制的前提下，先行培育新的体制元素，

并随着经济结构的演变，循序渐进地对旧有企业体系进行改革。这种方法的主要优势在于其稳定性。这使得企业能够在保持社会安定的同时，持续地推行创新和自身的发展。同时，它确保了制度变迁过程中的相关利益调整保持在社会公众可接受的限度内，更为周全地平衡了企业改革、企业发展与维护稳定之间的相互关系。这最终达成了家族企业发展与社会稳定相结合的最优解。

2. 家族企业主主导的制度变迁

在家族企业的制度演变过程中，常见的问题往往根植于利益相关者之间的利益冲突。随着家族企业的内部制度持续改革，管理模式和产权结构逐步现代化，多方面因素导致不同参与方在制度演变议题上意见不一，他们各自基于私人利益做出判断，这无疑会引发一系列影响家族企业管理决策的冲突。从内部视角分析，这种制度变迁通常不是理想状态，也即不符合帕累托最优。

这种状况几乎使诱致性制度变迁的可能性降至最低。然而，针对由利益分歧导致的各方坚持己见，企业主可能会采取强制性措施来强行推进制度变迁。这样的改革过程具有其独特性和现实性，既不完全属于强制性制度变迁，也不完全是诱致性制度变迁，而是在企业家主导下的一种特殊的强制性变迁。

在家族企业的制度变迁过程中，企业家认知与制度变迁之间会发生必然的联系。家族企业主的创新价值观、动机和素质对家族企业管理开放度有显著影响。这些因素的影响较大，则家族企业的管理开放度也会相应较高；反之，管理开放度会较低。然而，这些因素对家族企业所有权开放度的影响并不显著。这表明，企业家主导的制度变迁主要关注管理的开放度，但是涉及所有权的制度变迁与企业家认知并无直接联系。

家族企业主能够推行强制性制度变迁的程度取决于个人素质、企业状况、外部环境和家族关系等多种因素。因此，家族企业主主导的制度变迁主要集中在开放管理权的制度安排上，而对于企业所有权制度的强制性变迁，多数家族企业主难以实现。

3. 多主体共同作用的制度变迁

经过分析，我们可以明确地看到，单一固定的企业模式已无法满足中国家族企业的发展需求。单纯依靠内部力量或外部力量都难以促进家族企业的健康发展。众多案例显示，家族企业需要建立综合多种因素的混合管理模式。只有将内外部各种力量结合起来，针对自身发展的实际需求进行不断改革和创新，不放过任何可能的机会，综合考虑各方面因素，才能最大限度地挖掘家族企业的发展潜力，实现制度变迁的最佳效果。

（二）生命周期理论下家族企业制度变迁选择

就像不同行业和地理分布的企业，制度变迁的路径会各有差别；当企业处于不同的生命周期时，适合的变迁路径也会有所不同。

在企业的早期阶段，由于规模较小，业务单一，内部产权划分不明确，家庭成员通常作为一个利益共享的集体，无偿地投入企业的运营。在这一时期，企业致力于经营和扩大规模，积累资本，持续生存是其最主要的目标，也是基础。尽管所有权与经营权的结合以及内部产权的不清晰可能会成为未来发展的潜在障碍，但在初创期，企业通常不适合进行制度变迁。首先，企业缺乏进行制度变迁的能力；其次，缺乏进行制度变迁所需的条件；最后，企业在该阶段的首要任务是生存发展，也没有制度变迁的必要性，盲目地进行制度变迁可能会导致企业无法继续生存。

家族企业成长的关键在于如何与社会资本有效融合，成长的本质在于这一融合过程的效率。处于发展期的企业，对金融资本和人力资本的需求尤为迫切。此时，随着企业经营状况的改善，家庭成员开始期望得到回报，原本模糊的家族内部产权成为企业发展的障碍。在成长期，企业如果具备足够的实力和勇气，可以直接从家族企业转变为上市公司，公开上市融资不仅解决了资金筹集的问题，还明确了家族内外的产权，使企业得以顺利发展。然而，大多数企业无法一步到位地实现向公众公司的转变。制度变迁的路径没有绝对的优劣，但必须适合企业自身的实际情况。企业可以保持基本制度的稳定，但必须解决最根本的问题。无论是明确家庭内部的产权还是寻求合作以获得更多的金融资本，企业都需要根据自身的情况来判断。

在企业的迅猛发展期，规模的快速扩张和部门数量的增加会导致管理范围的扩大，原本权力集中在企业主手中的集权式管理方式开始显得力不从心。为了实现更为科学的管理和决策，企业可考虑向专业化管理转型，这通常以引入职业经理人为起点，将他们纳入高级管理团队，并赋予其相应的权限。同时，应建立相应的激励和约束机制来对职业经理人进行管理。在这一过程中，企业主的角色至关重要，作为家族企业的权威领导者，他们需要通过适当方式对职业经理人给予帮助和监督。

然而，需要注意的是，职业经理人会根据其经验和知识，结合企业的实际情况，提出改革和创新措施，这可能会引发企业的变动。正如俗语所言，"新官上任三把火"，这些变动可能会对企业现有的利益和整体格局造成影响。在这种情况下，家族企业主应当坚持自己的判断，权衡利弊，既要肯定经理人的工作表现，也要在权力上给予支持。

　　当企业在市场中的地位日益稳固，产品生产和经营趋于成熟，公司治理结构也逐步完善时，利润会在达到顶峰后开始下降。此时，高级管理层由家族内部逐渐向外部扩展，如果对经理人的激励和约束机制不够完善，家族企业主和职业经理人之间可能会出现争夺控制权的情况。家族企业主、管理层以及家族成员之间可能会产生新的矛盾，相互之间的信任度也可能降低。在此阶段，企业可以根据自身情况有选择地推行员工持股制度或经理人持股制度，实现产权的多元化和明晰化，明确责任，通过"所有权和经营权合一"建立起有效的激励和约束机制。企业应根据发展需求选择恰当的制度安排。

　　企业步入衰退阶段时，往往会面临市场萎缩、经营效率下滑、财务危机等问题，若任其发展，企业将面临无法继续运营的风险。为了突破困境并重新走上发展之路，企业需要通过新的制度安排进行重组。然而，企业的重组实质上是利益的重新分配，必然会遭遇既得利益者的反对和阻挠。在这种情况下，强制力的引入变得必要且紧迫。这种强制力不应来自政府，而应来自企业主的家长式权威。企业主需要利用自身的权威强制性地推行新制度，为企业的发展清除障碍。这种强制推行的变革与诱致性变革相矛盾，但它对企业的发展产生了决定性的推动作用。

　　企业在不同生命周期的制度变迁路径存在差异，且中国家族企业的情况千差万别，这样的复杂情况使得企业必须选择最适合自身发展的道路。有的企业可能适合暂时保持现有的制度安排，有的可能会跳过某些发展阶段，有的甚至在不同的发展路径间实现跳跃式发展。在理性的选择下，企业主会基于家族系统和企业系统找到适合的路径。

三、本章小结

根据前面的论述和分析，家族企业的发展面临内忧外患，同时内外部环境的变化也为家族企业提供了前所未有的机遇。因此，家族企业制度的变迁成为其持续发展的关键，深入探讨家族企业制度的变迁路径和方向，对于促进家族企业的持续健康发展具有重要意义。

在变迁方向上，家族企业和非家族企业不存在孰优孰劣的问题，只是生存的场景不同。随着企业的发展，若企业需要摆脱家族的束缚，家族企业就应朝着现代化、规范化和社会化的方向发展。首先，家族企业应逐步实现产权结构的社会化和公开化，提高企业的透明度和公信力，吸引更多的外部资源。其次，家族企业应建立健全现代公司治理结构，完善决策机制，强化风险管理，提升企业的治理水平和市场竞争力。最后，家族企业还应注重企业文化的建设，构建开放、包容、创新的企业文化，为企业发展提供有力的文化支撑。

从变迁选择来看，家族企业制度的变迁是一个循序渐进、逐步深化的过程，可以由家族企业自发、家族企业主主导和多主体共同作用引发。通过引入外部资本、稀释家族股权、实现产权多元化等方式，家族企业可以消除壁垒，增强企业的活力和竞争力。家族企业需要逐步摆脱传统的家长式管理，建立现代公司治理结构，引入职业经理人，提升决策的科学性和有效性。在企业不同生命周期，制度变迁的动机和选择也相差较大。

家族企业制度变迁的路径和方向是多元且复杂的，需要根据企业的实际情况和市场环境进行灵活调整。通过深入分析制度变迁的路径和方向，克服挑战并把握机遇，家族企业可以逐步实现制度创新和管理升级，为企业的持续发展和壮大奠定坚实基础。在未来的发展中，家族企业应保持敏锐的洞察力和创新精神，不断探索适合自身发展的制度变迁之路，以应对日益激烈的市场竞争和全球化挑战。

CHAPTER 8

第八章　结　论

从家族企业的制度变迁出发，制度变迁会导致家族企业的管理体制由家族制转变为家族制与现代企业制度相结合的形式，从而提高企业的成长绩效。本书首先采用 CiteSpace 对近 20 年国内外家族企业的研究现状进行可视化分析，依托委托—代理理论、社会情感财富理论和新制度经济学的理论基础，分析控制权作用下的家族企业制度变迁。本书通过控制权作用机制、控制权转移时间的理论和实证分析，提出了家族企业制度变迁的路径和选择。当制度不完善时，"家族制"的管理体制可以使家族企业利用现有的家族资本和社会资本资源支撑企业的发展。随着制度的不断完善，明晰的管理体制能给家族企业管理者和职业经理人带来更强的绩效刺激，并为企业在避税、融资等活动中提供更多的便利。但是为了防止道德风险的发生，企业往往会在两权分离的基础上，增强家族控制的色彩，即将家族企业制度和现代企业制度相结合来促进企业的长期发展。

一、从控制权视角能更好地理解家族企业制度

很多学者从所有权、家族成员参与程度、企业演变路径、文化等不同

角度对家族企业进行了定义，但由于侧重点不一样，学界仍未形成统一认可的定义。

控制权是便于观察和测量的工具，本书以控制权为主线来定义家族企业。

首先，家族企业在控制权方面拥有较强的稳定性。由于家族成员通常长期参与企业的经营和管理，他们对企业有着深厚的感情和责任感。这种稳定性有助于企业在面对市场波动和外部挑战时保持冷静和坚定，从而确保企业的长期稳定发展。其次，家族企业在决策过程中更加迅速和高效。由于家族成员之间通常存在着较高的信任度和默契度，这使得他们在做重大决策时能够迅速达成共识，减少内部摩擦和沟通成本。这种高效的决策机制有助于企业快速应对市场变化，抓住发展机遇。再次，家族企业在控制权方面更加注重长期利益。相比于非家族企业，家族企业更有可能将企业的长远发展作为首要目标，而不是追求短期的经济利益。这种长期导向有助于企业在确定战略和计划时更加谨慎和全面，从而确保企业的可持续发展。最后，家族企业在控制权方面还具备更强的凝聚力和向心力。家族成员之间的血缘关系和共同利益使得他们能够团结一心，共同应对各种挑战和困难。这种凝聚力和向心力有助于企业在面对外部竞争和压力时保持团结和稳定，进一步提升企业的竞争力。

然而，值得注意的是，虽然家族企业在控制权方面具有上述优势，但也存在一些潜在的风险和挑战。例如，家族成员之间的权力斗争和利益冲突可能导致企业内部的不稳定，过度依赖家族成员可能导致企业缺乏外部人才和资源，以及家族企业的传承问题也可能成为企业发展的隐患。因此，在发挥家族企业优势的同时，也需要关注并解决这些潜在问题。

家族企业的本质特征是家族拥有对企业的持续控制权，表现为家族持续拥有一组排他性使用和处置企业稀缺资源的权利束。企业在不同的生命周期，控制权种类及比例是不一样的，随着企业规模的扩大，其发展过程呈动态螺旋式。家族企业的制度变迁过程也就成为控制权重新分配和改造的过程。

二、家族企业制度变迁是内外部复杂系统相互作用的过程

家族企业制度变迁是一个涉及多个层面和因素的复杂过程，它不仅仅是企业内部结构和管理模式的变化，更是企业外部环境与内部机制相互作用的结果。在这个过程中，内外部因素相互作用、相互影响，共同推动着家族企业的制度变迁。外部环境的变化可能引发企业内部结构的调整，而企业内部的问题也可能在应对外部环境变化的过程中暴露出来，进而推动企业进行更深层次的制度变革。

家族企业的内部系统包括家族成员之间的关系、家族价值观、企业文化、组织结构和管理制度等。随着企业的成长，这些内部要素会不断发生变化，如家族成员间的权力结构、利益分配和管理职责的调整等，这些都会增强组织内部制度的复杂性。例如，家族企业可能会经历从"同盟期"到"维持期"再到"主导期"的演变过程，在这个过程中，家族和企业的关系、企业的治理结构和战略方向都可能发生变化。

家族企业的发展同样受到外部环境的影响，包括市场状况、法律法规、社会文化、技术进步和竞争态势等。这些外部因素会对企业的经营策略、市场定位和制度安排产生影响，迫使家族企业不断调整其制度以适应外部环境的变化。

基于制度逻辑理论的视角，分析家族企业的成长模型需要考虑家族和企业双元系统的互动，以及在特定复杂制度下企业如何制定和实施战略。家族企业的管理不能简单等同于非家族企业管理，因为家族既是治理企业的主体，又是被治理的对象，这种双重角色使得家族企业的治理更加复杂。

家族企业制度变迁的实质就是突破家族制，建立与现行经济、文化背景相适应的制度形式，动力来源于想要获得由控制权的非均衡配置导致的潜在利润。"现代家族企业"是中国企业制度变迁的最理想方向，体现了"后家族管理模式"的特征。创业家族可以通过多种形式、多种要素、多种途径来实现对企业的控制，可以使单一控制权沿着"绝对控制—相对控制—临界控制—失去控制"的路径进行量的变化，也可以使不同控制权通过某种特定的组合方式进行转换。

中国家族企业制度变迁是由多种控制权作用形成的子系统叠加导致的，是多层次结合、多变量影响和多目标预定，是在内外部环境共同作用下的复杂的适应系统的演化过程。企业内部环境起决定性作用，是整个系统复杂性产生的基础，决定了整个企业变迁的基调，主要来源于家族企业和家族成员间形成的复杂社会网络，复杂社会网络形成的原因是企业组织结构多元化改革和不断动态演变；外部复杂性主要与环境的动态性和制度完善性相关。理解家族企业制度变迁是内外部复杂系统作用的过程，需要综合考虑企业内部的家族因素和外部的市场环境，以及这两者之间的动态作用。这种理解有助于更好地把握家族企业发展的规律，为家族企业的持续发展和转型提供理论支持和实践指导。

三、家族企业制度变迁是长期、动态、连续的过程

家族企业制度变迁的过程涉及所有权从内部化转为外部化，以及产权

关系多元化的过程。企业在建立初期组织结构简单、产权结构单一，随着企业规模的不断扩大，企业引进外来社会资本，实现产权多元化，甚至上市发展，成为公众化，逐渐实现两权相对分离，再到两权完全分离，这是一个不断积累的过程。一步到位地实现企业的产权多元化，甚至社会化的观点是不切实际的。家族企业制度变迁不是一个一蹴而就的过程，而是伴随着企业的成长和发展，不断进行调整和优化的过程。家族企业往往需要经历几代人的努力，才能形成相对稳定和成熟的制度结构。在这个过程中，企业需要不断适应外部环境、技术条件、政策法规等因素的变化，解决内部出现的问题，不断调整其制度结构，从而推动产权结构、治理结构、管理模式等多个方面的逐步完善，提高企业的竞争力。企业所采用的制度，其有效性取决于能否降低企业内部生产要素的交易成本，合理性取决于能否对企业人力资本提供长期有效的激励和监督，先进性取决于是否能够提供长期稳定的制度保证，提高企业竞争力，促进可持续成长。

家族企业制度变迁过程受到控制权的作用，长期而复杂。例如根深蒂固的家族文化，由血缘、亲缘、地缘等自然形成的凝聚力，降低了交易成本，提高了工作效率，但又会影响和制约企业的发展，存在非人格化交易而缺乏制度意识。面对外部环境的不确定性和企业自身的缺陷，企业必须通过控制权的重新组合、转换，加快制度变迁，弱化内外部因素的影响，提高对市场的适应度，提高竞争能力，促进企业的可持续的、良性的发展。

第一，家族企业的制度变迁是实现规模经济的客观要求。企业规模的扩大，原始的组织结构、经营方式已不再适合企业发展的需要，这成为企业进一步扩大发展的桎梏。对于资金短缺、管理制度相对不完善的众多家族企业而言，只有降低生产成本，扩大生产规模，单位生产成本才能随规模经济的产生而下降。因此，企业必须根据自身特点，充分整合企业内外部各种资源，发挥控制权的主导优势，探索与生产经营规模相适应的组织形式及制度结构，在生产、组织、人事、文化等各方面建立起配套的制度体系。

第二，家族企业的制度变迁是提高市场竞争能力的客观要求。中国数量众多的家族企业以中小企业居多，尤其在江浙沪一带。其中很多企业都是靠卖方市场和模仿抄袭起家的。可是国内外市场逐渐开放，买方市场逐渐形成，企业只有提高市场竞争力，适应新的市场环境，才能进一步扩大市场份额。因此家族企业实行制度变迁，走现代家族企业之路是大势所趋。因此，企业必须通过控制权的重组、转换，获取社会充分信任，理顺产权结构，建立多元化的产权关系，参与货币市场和资本市场融资，支配更多的社会资本，形成互相制衡的治理结构和科学的管理体制，保证各项决策的科学性。

因此，家族企业制度的完善是一个永无止境的追求过程，需要企业在不断发展中，持续进行制度创新和管理优化。这种连续性要求家族企业保持敏锐的洞察力和前瞻性思维，及时发现并解决制度上的问题，确保企业能够持续健康发展。

四、家族企业制度变迁中控制权转移的关键是时间节点和比例

家族企业制度变迁也就是对控制权进行重新分配和改造，这涉及企业在生命周期的哪个阶段进行转移、转移多少比例最为合适，以及市场环境和行业趋势如何影响这一决策。从创业期到成长期再到成熟期，家族企业可能会逐渐从家族管理转向专业化团队管理，进行控制权转移。在这个过程中，选择合适的时机进行控制权的转移至关重要。如果过早转移，可能导致家族失去对企业的影响力；如果过晚转移，可能会造成企业因缺乏专

业化管理而错失发展机遇。因此，家族企业需要根据自身发展阶段和市场环境的变化、行业政策的调整以及新技术的出现等因素来确定最佳的转移时机。

控制权转移的比例同样重要。这涉及多少控制权应该被转移，以及转移给哪些人或机构。如果转移比例过低，企业可能无法有效引入外部资源，从而难以推动企业的进一步发展；而如果转移比例过高，则可能导致家族成员失去对企业的控制，甚至引发家族内部的矛盾和纷争。因此，在确定控制权转移比例时，需要综合考虑企业的实际情况、家族成员的意愿以及外部环境的因素，找到一个既能满足企业发展需要又能保证家族控制权的平衡点。

企业内外部环境因素影响了控制权的转移时间及比例选择。在企业内部，企业主的集权情结和职业经理人的机会主义行为都会导致净效用损失。职业经理人是影响企业决策的核心因素，其职能的特殊性决定了其难以被观察和激励；而普通员工是比较容易通过考核制度来激励和约束的。因此，控制权比较容易向劳务资本转移，而向管理资本的开放是最困难的。在企业外部，要素市场结构和各种要素的价格变化是通过在各自要素市场上的竞争表现出来的，完善的人力资本市场、财务资本市场，以及相关的中间环节，如中介机构、审计部门、资格认证机构、市场信用环境，为企业节省了大量的交易成本，也有效地抑制了机会主义行为的产生。因此，市场结构越发达和完善，家族企业在制度变迁过程中控制权转移受影响的程度就越小。

传统文化对组织的内涵、运作模式、绩效评估都有深刻的影响。家族观念越浓厚，控制权带来的"欣慰潜力"越大，控制权转移的障碍也就越大，影响转移时间及比例的不确定因素也就越多。家族企业制度变迁中控制权转移的关键在于选择好时间和比例。这需要企业家和家族成员具备前瞻性的眼光和战略思维，能够准确把握企业发展的阶段和市场需求的变化，从而做出明智的决策。同时，政府和社会各界也应为家族企业制度变迁提供必要的支持和帮助，创造一个有利于企业发展的良好环境。

参考文献

[1] Aghion P, Tirole J, 1997. Formal and real authority in organizations[J]. Political Economy, 105: 1–29.

[2] Allouche J, Amann B, Jaussaud J, et al., 2008. The impact of family control on the performance and financial characteristics of family versus nonfamily businesses in Japan: A matched–pair investigation[J]. Family Business Review, 21(4): 315–330.

[3] Anderson R C, Reeb D M, 2003. Founding family ownership and firm performance: Evidence from the S&P 500[J]. Social Science Electronic Publishing, 58(6): 1301–1329.

[4] Aronoff C, 2010. Self–perpetuation family organization built on values: Necessary condition for long–term family business survival[J]. Family Business Review, 17(1): 55–59.

[5] Astrachan J H, Klein S B, Simmons K X, 2002. The F–PEC scale of family influence: A proposal for solving the family business definition problem[J]. Family Business Review, 1: 121–140.

[6] Astrachan J H, Klein S B, Smyrnios K X, 2002. The F–PEC scale of family influence: A proposal for solving the family business definition problem[J]. Family Business Review, 15(1): 45–48.

[7] Astrachan J H, Klein S B, Smyrnios K X, 2004. The F-PEC Scale of Family Influence: A Proposal for Solving the Family Business Definition Problem[J]. Family Business Review, 15(1) : 45-58.

[8] Astrachan J, Shanker M C, 2003. Family business'contribution to the US economy: A closer look[J]. Family Business Review, 16(9): 211-227.

[9] Bach L, Serrano-Velarde N, 2015. CEO identity and labor contracts: Evidence from CEO transitions[J]. Journal of Corporate Finance, 33: 227-242.

[10] Berrone P, Cruz C, Gómez-Mejía L R, 2012. Socioemotional wealth in family firms: The oretical dimensions, assessment approaches, and agenda for future research[J]. Family Business Review, 25(3): 258-279.

[11] Boivie S, Lange D, Mcdonald M L, et al., 2011. Me or we: The effects of CEO organizational identification on agency costs [J]. Academy of Management Journal, 54(3): 551-576.

[12] Caprio L, Croci E, Giudice A D, 2011. Ownership structure, family control, and acquisition decisions[J]. Journal of Corporate Finance, 17(5): 1636-1657.

[13] Chami R , 2001. What is different about family businesses[J]. International Monetary Fund, 1: 1-37.

[14] Chrisman J J, Chua J H, De Massis A, et al., 2014. The ability and willingness paradox in family firm innovation[J]. Journal of Product Innovation Management, 32(3): 310-318.

[15] Chrisman J J, Chua J H, Kellermanns F W, et al., 2007. Are family managers agents or stewards? An exploratory study in privately held family firms[J]. Journal of Business Research, 60(10): 1030-1038.

[16] Chrisman J J, Chua J H, Pearson A W, et al., 2012. Family involvement, family influence, and family-centered non-economic goals in small firms [J]. Entrepreneurship Theory and Practice, 36(2): 267-293.

[17] Chrisman J J, Chua J H, Sharma P, 2010. Trends and directions in the

development of a strategic management theory of the family firm[J]. Social Science Electronic Publishing, 29(5): 555–576.

[18] Chrisman J J, Chua J H, Steier L P, 2003. An introduction to theories of family business[J]. Journal of Business Venturing, 18(4): 441–448.

[19] Chrisman J J, Memili E, Misra K, 2014. Non–family managers, family firms, and the winner's curse: The influence of non–economic goals and bounded rationality [J]. Entrepreneurship Theory and Practice, 38(5): 1–25.

[20] Chua J H, Chrisman J J, Sharma P, 1999. Defining family business by behavior[J]. Entrepreneurship Theory and Practice, 26(4): 113–130.

[21] Church, 1969. Kenricks in hardware: A family business, 1791–1966[J]. Newton Abbott: David&Charles, 16(3): 58–72.

[22] Churchill N C, Hatten, 1987. Non–market—based transfers of wealth and power: a research framework for family businesses [J]. American Journal of Small Business, 11(3): 51–64.

[23] Craig J, Dibrell C, 2010. The natural environment, innovation, and firm performance: A Comparative Study[J]. Family Business Review, 19(4): 275–288.

[24] Cruz C, Kintana M L, Galdeano L G, et al., 2014. Are family firms really more socially responsible?[J]. Entrepreneurship Theory and Practice, 23(5): 169–210.

[25] Davis J H, Allen M R, Hayes H D, 2010. Is blood thicker than water?: A study of stewardship perceptions in family business[J]. Entrepreneurship: Theory and Practice, 34(6): 1093–1116.

[26] De Massis A, Chua J H, Chrisman J J, 2010. Factors preventing intra–family succession[J]. Family Business Review, 21(2): 183–199.

[27] Demsetz H, Lehn K, 1985. The structure of corporate ownership: Caused and consequences[J]. Journal of Political Economy, 6: 93.

[28] Dixit A K, Pindyk R S, 1994. Investment under Uncertainty[M]. Princeton: Princeton University Press.

[29] Donaldson S A, 2004. Switching tracks[J]. Black Enterprise, 36(62): 20–26.

[30] Donckels R, Frohlich E, 1991. Are family businesses really different?European experiences from STRATOS[J]. Family Business Review, 2: 149–160.

[31] Donnelley R, 1964. The family business[J]. Harvard Business Review, 105–112.

[32] Donnely R G, 2005. The family business[J]. Harvard Business Review, 27: 236–249.

[33] Duran P, Kammerlander N, Essen M V, et al., 2016. Doing more with less: Innovation input and output in family firms[J]. Academy of Management Journal, 59(4): 1224–1264.

[34] Durieux V, Gevenois P A, 2010. Bibliometric indicators: quality measurements of scientific publication[J]. Radiology, 255(2): 342–351.

[35] Dyck A, Zingales L, 2004. Control premiums and the effectiveness of corporate governance systems: Global corporate governance[J]. Journal of Applied Corporate Finance, 16(2–3): 51–72.

[36] Dyer W G, Whetten D A, 2006. Family firms and social responsibility: Preliminary evidence from the S&P 500[J]. Entrepreneurship Theory&Practice, 30(6): 785–802.

[37] Engel P J, Hack A, Stanley L J, et al., 2019. Voluntary disclosure of individual supervisory board compensation in public family firms[J]. Journal of Business Research, 101(8): 362–374.

[38] Fan J P H, Wong T J, Zhang T, 2014. Politically connected CEOs, corporate governance, and Post–IPO performance of China's newly partially privatized firms[J]. Journal of Applied Corporate Finance, 26(3): 85–95.

[39] Fukuyama F, 2015. The rise of the public authority: Statebuilding and economic

development in twentieth-century America[J]. The Historian, 58(8): 77.

[40] Goldman R E, 2006. Patients perceptions of cholesterol, cardiovascular disease risk, and risk communication strategies[J]. Annals of Family Medicine, 4(3): 205–212.

[41] Gómez-Mejía L R, Campbell J T, Martin G, et al., 2014. Socioemotional wealth as a mixed gamble: Revisiting family firm R&D investments with the behavioral agency model[J]. Entrepreneurship: Theory and Practice, 38(6): 1351–1374.

[42] Gómez-Mejía L R, Cristina C, Pascual B, et al., 2011. The bind that ties: Socioemotional wealth preservation in family firms[J]. Academy of Management Annals, 5(1): 653–707.

[43] Gómez-Mejía L R, Haynes K T, Jacobson K J L, et al., 2007. Socioemotional wealth and business risks in family-controlled firms: Evidence from Spanish olive oil mills[J]. Administrative Science Quarterly, 52(1): 106–137

[44] Gómez-Mejía L R, Makri M, Kintana M L, 2010. Diversification decisions in family-controlled firms[J]. Journal of Management Studies, 47(2): 223–252.

[45] Habbershon T G, Williams M, MacMillan I C, 2003. A unified systems perspective of family firm performance[J]. Journal of Business Venturing, 18(4): 451–465.

[46] Hall E T J, Trager G L, 1953. The analysis of culture[J]. Behavior Theories, 1–72.

[47] Hamilton E, 2003. Entrepreneurial learning in family business: a situated learning perspective[J]. Development&Learning in Organizations An International Journal, 25(4): 8–19.

[48] Handler W, 1989. Managing the family firm succession process: The next generation family member's experience[J]. Doctoral Dissertation, 22–29.

[49] Hart O, Moore J, 1990. Property rights and nature of the firm [J]. Journal of

Political Economy, 98(6): 1119–1158.

[50] Hauswald H, Hack A, Kellermanns F W, et al., 2016. Attracting new talent to family firms: Who is attracted and under what conditions?[J]. Entrepreneurship Theory and Practice, 40(5): 963–989.

[51] James J, Chrisman J H, Chua A W, et al., 2012. Family involvement, family influence, and family–centered non–economic goals in small firms[J]. Entrepreneurship Theory&Practice, 36(2): 267–293.

[52] Jaskiewicz P, Block J H, Miller D, et al., 2017. Founder versus family owners'impact on pay dispersion among non–CEO top managers: Implications for firm performance [J]. Journal of Management, 43(5): 1524–1552.

[53] Jensen M C, Meckling W H, 1976. Theory of the firm: Managerial behavior, agency costs and ownership structure[J]. Journal of Financial Economics, 3(4): 305–360.

[54] Julio D S, Montserrat M L, Rojo Ramírez A A, 2016. Technological innovation inputs, outputs, and performance the moderating role of family involvement in management[J]. Family Business Review, 29(3): 327–346.

[55] Kano A V L, 2012. The transaction cost economics theory of the family firm: family–based human asset specificity and the bifurcation bias[J]. Entrepreneurship Theory and Practice, 36(6): 1183–1205.

[56] Kano L, Verbeke A, 2018. Family firm internationalization: Heritage assets and the impact of bifurcation bias[J]. Global Strategy Journal, 8(1): 234–256.

[57] Karra N, Tracey P, Phillips N, 2010. Altruism and agency in the family firm: Exploring the role of family, kinship, and ethnicity[J]. Entrepreneurship Theory&Practice, 30(6): 861–877.

[58] Kellermanns F W, Eddleston K A, Barnett T, et al., 2010. An exploratory study of family member characteristics and involvement: Effects on entrepreneurial behavior in the family firm[J]. Family Business Review, 21(1): 1–14.

[59] Kotey B, 2005. Are performance differences between family and non-family smes uniform across all firm sizes?[J]. Social Science Electronic Publishing, 11(6): 394–421.

[60] Kotlar J, De Massis A, 2013. Goal setting in family firms: Goal diversity, social interactions, and collective commitment to family-centered goals[J]. Entrepreneurship Theory&Practice, 37(6): 1263–1288.

[61] Lank A, Owens R, Martinez J, et al., 1994. The state of family business in various countries around the world[J]. Family Business Review, 45(6): 437–468.

[62] Laporta L, 2020. Understanding M&A deal dynamics[J]. International Fiber Journal, 12(4): 68–102.

[63] Liang X, Wang L, Cui Z, 2014. Chinese private firms and internationalization[J]. Family Business Review, 27(2): 126–141.

[64] Liang X, Wang L, Cui Z, 2014. Chinese private firms and internationalization: Effects of family involvement in management and family ownership[J]. Family Business Review, 27(2): 126–141.

[65] Litz R A, 1995. The family business: toward definitional clarity[J]. SAGE Publications, 2: 71–81.

[66] Lubatkin M H, Schulze W S, Ling Y, et al., 2005. The effects of parental altruism on the governance of family-managed firms [J]. Journal of Organizational Behavior, 26(3): 313–330.

[67] Magrelli V, Rondi E, De Massis A, et al., 2022. Generational brokerage: An intersubjective perspective on managing temporal orientations in family firm succession[J]. Strategic Organization, 20(1): 164–199.

[68] Maury B, 2006. Family ownership and firm performance: Empirical evidence from Western European corporations[J]. Journal of Corporate Finance, 12(2): 321–341.

[69] Miller D, Breton-Miller I L, 2010. Family governance and firm performance: Agency, stewardship, and capabilities[J]. Family Business Review, 19(1): 73–87.

[70] Miller D, Breton-Miller I L, 2014. Deconstructing socioemotional wealth[J]. Entrepreneurship Theory and Practice, 38: 713–720.

[71] Miller D, Breton-Miller I L, Lester R H, 2010. Family ownership and acquisition behavior in publicly-traded companies[J]. Strategic Management Journal, 31(2): 201–233.

[72] Miller D, Breton-Miller I L, Lester R H, 2013. Family firm governance, strategic conformity, and performance: Institutional vs. strategic perspectives[J]. Organization Science, 24(1): 189–209.

[73] Morck R K, Yeung B, 2004. Family firms and the rent-seeking society, 15(10): 142–176.

[74] Munoz-Bullon F, Sanchez-Bueno M J, 2011. The impact of family involvement on the R&D Intensity of Publicly Traded Firms[J]. Family Business Review, 24(1): 62–70.

[75] Penrose E T, 1959. The Theory of Growth of the Firm[M]. Oxford: Basil Blackwell Publisher.

[76] Randolph R, Memili E, Ko B, et al., 2022. Innovativeness and corporate social responsibility in hospitality and tourism family firms: The role of family firm psychological capital[J]. International Journal of Hospitality Management, 101: 103–128.

[77] Redding S G, 1990. The Spirit of Chinese Capitalism[M]. Berlin: Walter de Gruyter, 4–7.

[78] Reynolds P D, 1995. Who starts new firms?: Preliminary explorations of firms-in-gestation[J]. Small Business Economics, 9(5): 449–462.

[79] Romano C A, Tanewski G A, Smyrnios K X, et al., 2000. Structure decision

making: A model for family business[J]. Journal of Business Venturing, 16(3): 285–310.

[80] Schulze W S, Lubatkin M H, Dino R N, 2003. Exploring the agency consequences of ownership dispersion among the directors of private family firms[J]. Academy of Management Journal, 46(2): 179–194.

[81] Schulze W S, Lubatkin M H, Dino R N, 2003. Toward a theory of agency and altruism in family firms[J]. Journal of Business Venturing, 18(4): 473–490.

[82] Sieger P, Zellweger T, Aquino K, 2003. Turning agents into psychological principals: Aligning interests of non–owners through psychological ownership[J]. Journal of Management Studies, 50(3): 361–388.

[83] Souder D, Zaheer A, Sapienza H, et al., 2017. How family influence, socioemotional wealth, and competitive conditions shape new technology adoption[J]. Strategic Management Journal, 38(9): 1774–1790.

[84] Souder D, Zaheer A, Sapienza H, et al., 2017. How family influence, socioemotional wealth, and competitive conditions shape new technology adoption[J]. Strategic Management Journal, 38(9): 1774–1790.

[85] Spielmann N, Cruz A D, Tyler B B, et al., 2019. Place as a nexus for corporate heritage identity: An international study of family–owned wineries[J]. Journal of Business Research, 129: 826–837.

[86] Stratford P, 1996. Attributions for family business failure: The heir's perspective[J]. Family Business Review, 9(2): 171–184.

[87] Uhlaner L, De Massis A, Jorissen A, et al., 2021. Are outside directors on the small and medium–sized enterprise board always beneficial? Disclosure of firm–specific information in board–management relations as the missing mechanism[J]. Human Relations, 74(11): 1781–1819.

[88] Villalonga B, Amit R, 2006. How do family ownership, control and management affect firm value?[J]. Journal of Financial Economics, 80(2): 385–

417.

[89] Ward J L, 1997. Growing the family business: Special challenges and best practices[J]. Family Business Review, 10 (4): 323–337.

[90] Ward J L, 2011. How family values and vision drive business strategy and continuity[J]. Universia Business Review, 12(32): 26–38.

[91] Westhead P, Cowling M, 1998. Family firm research: The need for a methodological rethink[J]. Entrepreneurship: Theory and Practice, 23(1): 31–33.

[92] Westhead P, Cowling M, 1998. Performance contrasts between family and non-family unquoted companies in the UK[J]. International Journal of Entrepreneurial Behavior and Research, 3(1): 30–52.

[93] Xiaowen Z, Changjiang L, University F, 2019. Cultivating successors of the family firm: Overseas training or domestic training[J]. Economic Research Journal, 54(1): 68–84.

[94] Yeh Y H, Lee T S, et al., 2001. Family control and corporate governance: Evidence from Taiwan[J]. International Review of Finance, 2: 21–48.

[95] Young M N, Peng M W, Ahlstrom D, et al., 2008. Corporate governance in emerging economies: A review of the principal-principal perspective[J]. Journal of Management Studies, 45(1): 196–220.

[96] Zellweger T M, Kellermanns F W, Chrisman J J, et al., 2012. Family control and family firm valuation by family CEOs: The importance of intentions for transgenerational control[J]. Organization Science, 23(3): 851–868.

[97] 奥尔森，2001. 国家兴衰探源 [M]. 北京：商务印书馆：79–85.

[98] 曹德骏，2002. 家族企业研究的几个理论问题 [J]. 财经科学（6）：55–61.

[99] 曹燕，吴曰友，2008. 家族企业研究综述：从家族企业文化角度再界定家族企业 [J]. 边疆经济与文化（4）：46–47.

[100] 柴玲，包智明，2010. 当代中国社会的"差序格局" [J]. 云南民族大学学

报（3）：44–49.

[101] 晁上，2002. 论家族企业权力的代际传递 [J]. 南开管理评论，5（5）：19–23.

[102] 陈建林，2011. 利他主义·代理成本与家族企业成长 [J]. 管理评论，23（9）：50.

[103] 陈亮，2010. 控制权视角的中国家族企业制度变迁 [D]. 金华：浙江师范大学.

[104] 陈亮，谢洪明，朱卓越，2021. 复杂网络应用研究的文献计量与议题分析 [J]. 科技与经济，34（2）：6–10.

[105] 陈凌，1998. 信息特征、交易成本和家族式组织 [J]. 经济研究（6）：27–33.

[106] 陈凌，陈华丽，2014. 家族企业主的政治联系、制度环境与慈善捐赠：基于全国私营企业调查的实证研究 [J]. 华东经济管理，28（1）：1–6，184.

[107] 陈凌，陈华丽，2014. 家族涉入、社会情感财富与企业慈善捐赠行为：基于全国私营企业调查的实证研究 [J]. 管理世界（8）：90–101，188.

[108] 陈凌，王昊，2013. 家族涉入、政治联系与制度环境：以中国民营企业为例 [J]. 管理世界（10）：12.

[109] 陈凌，王萌，朱建安，2011. 中国家族企业的现代转型：第六届"创业与家族企业成长"国际研讨会侧记［J］. 管理世界（4）：163–166.

[110] 陈凌，吴炳德，2014. 市场化水平、教育程度和家族企业研发投资. 科研管理，35（7）：44–50.

[111] 陈婉婷，罗牧原，2015. 信仰·差序·责任：传统宗教信仰与企业家社会责任的关系研究——基于福建民营企业家的调查 [J]. 民俗研究（1）：140–148.

[112] 陈文婷，李新春，2008. 上市家族企业股权集中度与风险倾向、市场价值研究：基于市场化程度分组的实证 [J]. 中国工业经济，22（10）：139–

149.

[113] 陈悦，陈超美，刘则渊，等，2015. CiteSpace 知识图谱的方法论功能 [J]. 科学学研究，33（2）：242–253.

[114] 陈志斌，吴敏，陈志红，2017. 家族管理影响中小家族企业价值的路径：基于行业竞争的代理理论和效率理论的研究 [J]. 中国工业经济（5）：113–132.

[115] 程书强，2005. 家族企业控制权集中度的测定原理及方法 [J]. 西安科技大学学报，25（6）：242.

[116] 程书强，2006. 中国家族企业成长中的控制权转移研究 [M]. 北京：经济科学出版社.

[117] 储小平，2000. 家族企业研究：一个具有现代意义的话题 [J]. 中国社会科学（5）：51–58.

[118] 储小平，2004. 华人家族企业的界定 [J]. 经济理论与经济管理，4（1）：49–53.

[119] 储小平，李怀祖，2003. 信任与家族企业的成长 [J]. 管理世界（6）：98–104.

[120] 代吉林，李新春，李胜文，2012. 家族企业 RD 投入决定机制研究：基于家族所有权和控制权视角 [J]. 科学学与科学技术管理，33（12）：118–126.

[121] 代晓茜，王朝全，2006. 飞雁模型对家族企业制度变迁的解释 [J]. 北方经济（4）：19–21.

[122] 德姆塞茨，1999. 所有权、控制与企业 [M]. 北京：经济科学出版社.

[123] 邓建平，曾勇，2009. 政治关联能改善民营企业的经营绩效吗 [J]. 中国工业经济（2）：98–108.

[124] 窦军生，2008. "家业"何以长青？：企业家个体层面家族企业代际传承要素的识别 [J]. 管理世界，180（9）：111–123.

[125] 法玛，詹森，1998. 所有权与控制权的分离 [M]. 上海：三联出版社：

48-50.

[126] 方晓军，王长斌，2004. 文化传统与我国家族企业的发展 [J]. 现代经济探究（6）: 25-27.

[127] 费孝通，1948. 乡土中国 [M]. 北京：三联书店：131-142.

[128] 盖尔西克，等，1998. 家族企业的繁衍：家族企业的生命周期 [M]. 北京：经济日报出版社：18-22.

[129] 高明华. 最难把握股权稀释度 [EB/OL].（2007-12-7）[2024-3-22]. http://news.hexun.com/2007-12-07/102113288.html.

[130] 顾玲艳，2016. 中国家族企业关系型控制权配置及其治理效率研究 [D]. 杭州：浙江工商大学.

[131] 郭金喜，2005. 飞雁式家族企业制度变迁 [J]. 经济学家（2）: 59-64.

[132] 何建洪，2007. 论企业成长中的路径依赖 [J]. 商业时代（33）: 52-53.

[133] 贺小刚，李新春，2007. 家族控制的困境：基于广东中山市家族企业的实证研究 [J]. 学术研究，38（4）: 25-30.

[134] 侯成敏，何延生，2001. 离散型贝尔曼不等式 [J]. 南都学坛（自然科学版），21（3）: 10-11.

[135] 胡宁，2016. 家族企业创一代离任过程中利他主义行为研究：基于差序格局理论视角 [J]. 创业管理（6）: 168-176.

[136] 黄渝祥，孙艳，邵颖红，等，2003. 股权制衡与公司治理研究 [J]. 同济大学学报（自然科学版），31（9）: 1102-1105.

[137] 贾春玉，梁军，朱美燕，2007. 影响家族企业生命周期的内部因素分析 [J]. 宁波工程学院学报（1）: 1-4.

[138] 科林斯，波勒斯，1994. 基业长青 [M]. 北京：中信出版社.

[139] 赖作卿，1999. 国外家族式企业与公众公司的比较研究 [J]. 广东社会科学（1）: 53-58.

[140] 李红，2008. 统计分析软件及应用试验 [M]. 北京：经济科学出版社：248-278.

[141] 李前兵，2011. 家族成员特征对家族创业行为影响的实证研究 [J]. 预测，30（3）：59-64.

[142] 李乾亨，杨瑞龙，1987. 社会主义经济体制改革的理论与实践 [M]. 石家庄：河北人民出版社：109-115.

[143] 李善民，王陈佳，2004. 家族企业的概念界定及其形态分类 [J]. 中山大学学报：社会科学版，44（3）：5.

[144] 李尚，2014. 中国家族企业制度变迁的路径选择研究 [D]. 石家庄：河北经贸大学.

[145] 李新春，1998. 中国的家族制度与企业组织 [J]. 中国社会科学季刊（香港·秋季卷）：43-52.

[146] 李新春，贺小刚，邹立凯，2020. 家族企业研究：理论进展与未来展望 [J]. 管理世界，36（11）：207-229.

[147] 李新春，马骏，何轩，等，2018. 家族治理的现代转型：家族涉入与治理制度的共生演进 [J]. 南开管理评论，21（2）：160-171.

[148] 李新春，张鹏翔，叶文平，2016. 家族企业跨代资源整合与组合创业 [J]. 管理科学学报，19（11）：1-17.

[149] 李新春，邹立凯，2021. 本地嵌入与家族企业的可持续成长：基于日本长寿家族企业的多案例研究 [J]. 南开管理评论，24（4）：4-17.

[150] 李新春，邹立凯，2022. 传统继承与跨代创新：基于长寿家族企业的多案例研究 [J]. 管理科学学报，25（3）：22-43.

[151] 栗战书，2003. 中国家族企业发展中面临的问题与对策建议 [J]. 中国工业经济（3）：87-93.

[152] 连燕玲，张远飞，贺小刚，等，2012. 亲缘关系与家族控制权的配置机制及效率：基于制度环境的解释 [J]. 财经研究（4）：91-101.

[153] 林毅夫，1999. 中国的奇迹：发展战略与经济改革 [M]. 上海：上海人民出版社：126-128.

[154] 卢伟航，贺小刚，2005. 彭罗斯企业成长内生论及其现实意义 [J]. 南方

经济（3）：77–79.

[155] 卢纹岱，2006. SPSS for Windows 统计分析：第 3 版 [M]. 北京：电子工业出版社：477–502.

[156] 卢现祥，2003. 西方新制度经济学 [M]. 北京：中国发展出版社 .

[157] 罗兹曼，1989. 中国的现代化 [M]. 上海：上海人民出版社：3–4.

[158] 吕天奇，2003. 中国家族企业内部治理结构创新研究 [J]. 社会科学研究（6）：33–35.

[159] 马得勇，2018. 历史制度主义的渐进性制度变迁理论：兼论其在中国的适用性 [J]. 经济社会体制比较（5）：158–170.

[160] 马军，毕剑秋，2004. 我国家族企业控制权分配的新路径 [J]. 武汉市经济管理干部学院学报（6）：78–79.

[161] 马丽波，付文京，2006. 产权契约与家族企业治理演进 [J]. 中国工业经济（5）：120–126.

[162] 马戎，2007. "差序格局"：中国传统社会结构和中国人行为的解读 [J]. 北京大学学报（3）：131–142.

[163] 潘必胜，1998. 乡镇企业中的家族经营问题 [J]. 中国农村观察（1）：12–18.

[164] 彭兆荣，2000. 华人家族企业的认同、变迁与管理 [J]. 广西民族研究（3）：15–21.

[165] 钱德勒，1987. 看得见的手：美国企业的管理革命 [M]. 北京：商务印书馆：24–32.

[166] 青木昌彦，周黎安 . 比较制度分析 [M]. 上海：上海远东出版社，2001.

[167] 苏敬勤，崔淼，2011. 探索性与验证性案例研究访谈问题设计：理论与案例 [J]. 管理学报，8（10）：1428–143.

[168] 苏琦，李新春，2004. 公司治理、企业绩效与经济增长 [M]. 北京：经济科学出版社：108–112.

[169] 苏琦，李新春，2004. 内部治理、外部环境与中国家族企业生命周期 [J].

管理世界（10）：85-96.

[170] 唐潇潇,2021.家族企业长青的秘密 [EB/OL].（2021-3-22）[2024-3-22].
https://www.sohu.com/a/456587874_120865684.

[171] 汪和建，1999.企业的起源与转化：一个社会学框架 [J].南京大学学报
（2）：171-182.

[172] 王建民，宋金浩，2016.网络空间中的差序格局："众酬"的社会学研究
[J].兰州大学学报（6）：55-61.

[173] 王连娟，姚中良，田旭，2001.我国家族企业产权制度变迁因素分析 [J].
经济理论与经济管理（12）：54.

[174] 王明琳，陈凌，叶长兵，2010.中国民营上市公司的家族治理与企业价
值 [J].南开管理评论，13（2）：61-67，96.

[175] 王明琳，何圣东，2003.第二形态的强制性制度变迁模式：对一类家族
企业制度变迁模式的探讨 [J].浙江学刊（1）：143-149.

[176] 王明琳，徐萌娜，王河森，2014.利他行为能够降低代理成本吗？：基
于家族企业中亲缘利他行为的实证研究 [J].经济研究，49（3）：144-
157.

[177] 王明琳，周生春，2006.控制性家族类型，双重三层委托代理问题与企
业价值 [J].管理世界（8）：83-93.

[178] 王宣喻，储小平，2002.私营企业内部治理结构演变模式研究 [J].经济
科学（3）：89-93.

[179] 王宣喻，储小平，2002.信息披露机制对私营企业融资决策的影响 [J].
经济研究（10）：31-39.

[180] 王学义，1999.家族财富 [M].成都：四川科学出版社：64-65.

[181] 韦前，2001.我国近年有关家族企业与家族式管理问题的研究综述 [J].
学术研究（5）：14.

[182] 吴炳德，王志玮，陈士慧，等，2017.目标兼容性、投资视野与家族控
制：以研发资金配置为例 [J].管理世界，33（2）：109-119.

[183] 吴炳德，张玮，陈士慧，等，2022. 非家族高管比例与家族企业创新产出的关系研究：对钱德勒命题的反思 [J]. 外国经济与管理，44（10）：36–53.

[184] 吴炳德，张玮，陈士慧，等 . 非家族高管比例与家族企业创新产出的关系研究：对钱德勒命题的反思 [J]. 外国经济与管理，2022，44（10）：36–53.

[185] 徐细雄，刘星，2012. 创始人权威、控制权配置与家族企业治理转型：基于国美电器"控制权之争"的案例研究 [J]. 中国工业经济（2）：10.

[186] 许年行，谢蓉蓉，吴世农，2019. 中国式家族企业管理：治理模式、领导模式与公司绩效 [J]. 经济研究，54（12）：167–183.

[187] 杨国枢，1998. 家族化历程、泛家族主义及组织管理 [M]. 台北：远流出版公司：56–60.

[188] 杨立华，2011. 制度变迁方式的经典模型及其知识驱动性多维断移分析框架 [J]. 江苏行政学院学报（1）：74–81.

[189] 杨宜音，1999. "自己人"：信任建构过程的个案研究 [J]. 社会学研究，8（2）：38–53.

[190] 姚耀军，和丕禅，2003. 中国家族企业的本质及其产生和发展 [J]. 南方经济（3）：49–51.

[191] 叶银华 . 家族控股集团、核心企业与报酬互动之研究：台湾与香港证券市场之比较 [J]. 管理评论（台湾），1999，18（2）：59–86.

[192] 张厚义，明立志，梁传运，等，2002. 中国私营企业发展报告（2001）[M]. 北京：社会科学文献出版社：174–175.

[193] 张强，2003. 自家人，自己人和外人—中国家族企业的用人模式 [J]. 社会学研究，18（1）：12–20.

[194] 张维迎，1996. 所有制、治理结构与委托、代理关系：兼评崔之元和周其仁的一些观点 [J]. 经济研究（9）：3–5.

[195] 张晓倩 . 股权制衡度与公司价值关系研究 [EB/OL].（2007–11–21）

[2024-3-22]. http://www.lunwentianxia.com/product.free.2986460.2/.

[196] 张余华，2003. 中国家族企业治理结构研究 [J]. 江汉论坛（3）：47-49.

[197] 张长立，崔绪治，2003. 华人家族企业管理模式初探 [J]. 苏州大学学报（哲学社会科学版）（1）：23-26.

[198] 张忠民，2002. 艰难的变迁：近代中国公司制度研究 [M]. 上海：上海社会科学院出版社：150-151.

[199] 郑伯壎，黄国隆，郭建志，1998. 海峡两岸之组织与管理 [M]. 台北：远流出版公司：71-79.

[200] 郑海平，鲁兴启，2005. 家族企业股权开放中的等待现象研究 [J]. 科学进步与对策（5）：122-123.

[201] 郑文哲，2003. 家族制企业的制度适用边界研究 [J]. 贵州财经学院学报（6）：33-37.

[202] 郑文哲，夏凤，2006. 家族制企业的控制权类型及其转换 [J]. 科技与管理（1）：48-50.

[203] 中国改革与发展报告专家组，2002. 非国有经济的发展问题研究 [M]. 上海：上海远东出版社：15-18.

[204] 钟朋荣，2002. 谈谈资本经营 [J]. 企业活力（10）：36-37.

[205] 周立新，2011. 家族涉入与企业社会责任：来自中国制造业的经验证据 [J]. 经济管理（9）：9.

[206] 周立新，李传昭，2004. 产品市场竞争与家族企业组织演进 [J]. 重庆大学学报，10（10）：155-158.

[207] 朱沆，Kushins E，周影辉，2016. 社会情感财富抑制了中国家族企业的创新投入吗？[J]. 管理世界（3）：99-114.

[208] 朱建安，陈凌，吴炳德，2016. 雇亲属还是聘专家：基于控股家族目标异质性的 CEO 聘任研究 [J]. 外国经济与管理，38（12）：3-18.

[209] 朱丽娜，高皓，2020. 家族控制、社会情感财富与企业慈善捐赠的关系研究 [J]. 管理学报，17（11）：1679-1687.

[210] 朱熙，2023. 家族企业"去家族化"的动因、模式及其效果研究 [D]. 武汉：武汉纺织大学 .

[211] 祝振铎，李新春，叶文平，2018. "扶上马、送一程"：家族企业代际传承中的战略变革与父爱主义 [J]. 管理世界，34（11）：65-79，196.

[212] 祝振铎，李新春，赵勇，2021. 父子共治与创新决策：中国家族企业代际传承中的父爱主义与深谋远虑效应 [J]. 管理世界，37（9）：191-206，232，207.

[213] 邹立凯，曾颖娴，李新春，2023. 家族身份维持、正式组织制度与泛家族化管理 [J]. 管理工程学报，37（5）：1-13.